全国小学生校园美文精品集萃丛书

七色阳光
小少年

快乐的小雨滴

《语文报》编写组 编

时代文艺出版社

图书在版编目（CIP）数据

快乐的小雨滴 /《语文报》编写组编. —长春：时代文艺出版社，2018.8（2023.6重印）

（"七色阳光小少年"全国小学生校园美文精品集萃丛书）

ISBN 978-7-5387-5950-1

Ⅰ. ①快… Ⅱ. ①语… Ⅲ. ①作文－小学－选集 Ⅳ. ①H194.4

中国版本图书馆CIP数据核字（2018）第152163号

出 品 人　陈　琛

产品总监　郭力家

责任编辑　李荣崟

装帧设计　孙　利

排版制作　隋淑凤

快乐的小雨滴

《语文报》编写组　编

出版发行 / 时代文艺出版社

地址 / 长春市福祉大路5788号　龙腾国际大厦A座15层　邮编 / 130118

总编办 / 0431-81629751　发行部 / 0431-81629758

官方微博 / weibo.com / tlapress

印刷 / 北京一鑫印务有限责任公司

开本 / 700mm×980mm　1 / 16　字数 / 153千字　印张 / 11

版次 / 2018年8月第1版　印次 / 2023年6月第5次印刷　定价 / 34.80元

图书如有印装错误　请寄回印厂调换

编 委 会

目 录

001

夜空中最亮的星

深藏心底的那朵花

糖果色的天空

月儿弯弯照我心

　　在倒春寒里，我和朋友们肆意地歌唱春天的美好；在狂风中，我和朋友们齐心协力，紧抱大树母亲绝不松手；在暴雨里，我和朋友们酣畅淋漓地洗去身上的尘埃……

我撒了一个美丽的谎

陆彦宏

傍晚时分，我走在小区里的草地上，左看看右瞧瞧，熟悉一下新的环境，突然我听到一阵悠扬的笛声，只不过这笛声虽是悠扬却充满了悲伤。

我充满了好奇，不知道这笛声为何会如此悲伤，循着声音找了过去。在一棵苍翠的大树下，有一个破旧不堪的小屋，墙外布了密集的蜘蛛网。门敞开着，即使凭借外面的光，也不完全能看清内屋，但那悠扬的笛声却是从这儿传出的。我试探地问了一句："有人吗？"里面的笛声戛然而止，转而传来了一声苍老却充满怒意的吼声："谁，还不快滚！"紧接着从屋内走出了一个约五六十岁的老人，满面通红，像一只怒发冲冠的狮子，眉心拧成了一个"川"字，"臭东西，滚。"我见她摆出姿势要打我，吓得撒腿就跑。

后来，我听邻家的姐姐说，那间小黑屋简直就是全小区的禁区，那里面住着的老人是一个十分恶毒的人，她逼走了自己的女儿，见到谁就骂谁，即使笛子吹得好，也没有人敢接近她。我听后毛骨悚然，再也不想接近那片小黑屋。

一天下午，下着暴雨，我忘记带了家门的钥匙，家中又没有人，不知该怎么办。那时我也没有想到因为这件事我能走进那位老人的心中。

正当我不知怎么办时，我忽然感觉雨水不再滴落在身上，我还以为雨停了，猛地一抬头，头顶上方不知何时多了一把雨伞，仔细看看，原来打伞人是上次骂我赶我走的那位老人，我身上顿时起了鸡皮疙瘩。上次的一幕幕立即在我心头一遍遍回放着，可谁知那位老人一脸平静地问："现在雨也一时半会儿停不下来，孩子要不先去我家避避雨？"我没有办法，也只能小心翼翼地跟着老人来到了那间小黑屋。老人点了一盏小电灯，我才勉强看清屋内的环境，与从外部看截然不同，里面除了光线暗，所有的窗帘都遮住了，透过玻璃传来的光线，其他地方都十分干净整洁。我抱着试探问老人："老奶奶，你为什么会一个人住在这个屋子里？"我本以为老人会大发雷霆，谁知她却拿出了一沓信纸，那是她女儿写给她的信。她说都怪她太严了，把女儿逼走了，可女儿还不时关心她，不断给她写信。可后来，女儿不知发生了什么事，再也没有写信给她。她们失去了联系，她很是内疚、自责，经常把一个人关在黑屋中，一遍遍读着女儿的信。久而久之，她也控制不了自己的情绪，变得喜怒无常。

我听后沉默了，心里一直在想着老奶奶的心痛点，总想能有个法子帮帮老人。

不久后，老人又收到了女儿的信，老人也逐渐变得开朗了，也善待他人了。

没错，那封信是我写的。那天，我趁着老人没注意，悄悄拿走了一封她女儿的信，模仿她女儿的字迹和语气，给老人写了一封信。我认为老人心结在女儿，所以模仿女儿的信来关怀老人，解开老人的心结。

我撒了一个谎言，却是一个美丽的谎言，我只想让那笛声不再忧伤。

他也很可爱

周思子

　　我有一个小表弟。他生得俊俏，一双水汪汪的大眼睛衬上肉嘟嘟的脸蛋，很讨人喜爱，但我一直都不大喜欢他，甚至讨厌他。

　　几乎每次去外婆家玩，他都在，见到我爸爸来了，饭也不专心吃，一门心思拉着爸爸玩游戏，爸爸无奈只好迁就着他，他更是得寸进尺。局局比赛都归他赢，即使输了也不承认，实在蛮不讲理，站在爸爸一方的我恨得他牙痒痒，正想冲上去与他争辩，被爸爸制止了："你别和小孩子计较。"我欲言又止，遇到爸爸严厉的目光，只好无奈地走到一边。

　　过年了，家家提着大包小包给亲戚拜年，到处喜气洋洋。我们这个大家庭也不例外，大人们忙着与亲人、长辈交流，聊得热火朝天，空气也变得温暖了。只剩下我和表弟无所事事，终于熬到吃饭的时候，看着大人把菜一道道端到桌子上，他急忙逐个打量桌上的每道菜，垂涎三尺，不时打量四周，见大人不防备，想偷偷地拿一片牛肉，我见状，故意咳嗽了一声，他顿时愣住了，蠢蠢欲动的手像触了电似的猛缩回来，尴尬地朝我笑了笑，我也冷笑了一声。或许是想化解尴尬，他指了指那盘猪耳朵，用难得谦虚的语调问我："这是什么菜？"我如实告诉了他，突然，我不怀好意地问他："你知道猪为什么要被割掉耳朵吗？"他一脸茫然地摇了摇头，我故弄玄虚地说："因为它不听话呀！"他好像紧张起来了，不敢正视我的眼睛，我趁热打铁，压低了嗓音："如果你不听话，你的耳朵可能也会被割掉哦！"他恐惧地看了看我，顿时双手捂住耳朵，在房间里乱跑，大喊："我很听话，不要割我的耳朵！"大人们感到莫名其妙，但又忍俊不禁，捧腹大笑。我洋洋得意，没想到这时的他傻得可爱，天真的模样令我印象深刻，之前的厌恶烟消云散了。

有一次外婆回到家后，他急忙扑上去，用肉肉的小手捶着外婆的背，还甜甜地说："婆婆你辛苦了！"外婆感到奇怪，直夸他孝顺，谁知他见外婆开心了，立马直奔主题，原来想买玩具了，真让外婆哭笑不得。小小年纪鬼主意可真多！

或许我之前看得比较偏，不能用全面的眼光看待人或事，其实每个人都有优点，对于表弟来说，天真是他的钻石。即使少许一点儿，也光芒四射。

我愿有一双慧眼，去发现每个人的美！

最美的时光

孙　诚

每年放暑假，我总要去乡下待上几天。

我热爱那儿的一切。明朗湛蓝的天空，清新舒畅的空气，生机盎然的田野，波光粼粼的池塘……这一切都让我感觉心情愉悦！

月儿弯弯照我心

在那儿，我可以尽情地在地头疯跑撒欢，和小伙伴玩各种游戏，还跟着爷爷经历了人生的第一次垂钓。

那天天气晴朗，我和爷爷来到鱼塘时还早，晨起的太阳却已照射到水面，像是铺上一层闪闪发光的碎银。按照爷爷的指点，我选了塘边一处居高的位置，学着爷爷的样子，穿饵、甩竿，饵钩入水，然后便是静静地等待。等待的时光总是很寂寞，我四下望去，田野尽收眼底，正值秋季，金黄的庄稼，翠绿的野草，黄绿交加，煞是好看。不远处的爷爷头戴一顶遮阳帽，静静地，阳光照在他的身上，形成一圈光晕，像极了一幅人物风景画。

突然，钓竿猛地往下一沉，我迅速将目光投向水面，兴奋地叫着："鱼，咬钩了，咬钩了！"一边叫一边学着爷爷以前钓鱼的样子一点一点收鱼线。一会儿，鱼浮出了水面，它疯狂地挣扎了起来，溅起了阵阵水花，看来这鱼儿还不小呢。眼见着我拉鱼逃，没办法将它拉上来，我急了，赶紧向爷爷求救。爷爷说："来，我来教你。"他握住钓竿，一点点放线，又一点点收线，鱼儿往远处跑，他就放线，鱼儿一放松，他就收线，如此反复，几个回合后，鱼终于被拖了上来，好大一条鲫鱼呢！

我认真地看着爷爷的动作，仔细地观察，思考着其中的窍门，终于自己也成功地钓上来两条。

快乐的时光总是过得很快，转眼垂钓活动就结束了，转眼我也小学六年级了。现在我的学习较以前紧张了许多，没有了太多玩的时间，但童年的那些美好的时光，却值得我永远珍藏，成为我人生的一笔财富。

老师说得并不对

石夏茵

班会课，班主任李老师一如既往地走入教室，开始一番长篇大论。

班会课的内容，大家基本上已是耳熟能详。从老师口中跑出的话，似乎都不约而同地奔向一个目的地，最后总是像回飞镖一般，殊途同归，牢牢地附在"好好学习，天天向上"这块大磁铁上，难以割舍。

"我有一个学生，他现在已经在华罗庚中学了。他以前在四年级到六年级的考试里，从来没有挤进过年级前百名。但就是这样一个学生，他虽然每门科目都没有优势，可他带着笑容上学，从获得知识中感受满足，从解题中得到成就感，从与人探讨中提升自己；积极地预习、复习，每门课尽自己最大的努力。喏，现在他就在金坛区最好的学校里读初中。"

一层层剖析开老师的话，干巴巴地平铺直叙被剥离，只剩一句话在风中瑟瑟：快乐学习就能成功。

学习何曾是快乐的呢？当老师的讲课速度超越了你的吸收速度，而黑板上的要点早已被新的文字所覆盖时——学习，更多的是吃饱了撑着。当老师为了多讲解一些知识点，家常便饭一般地拖课时，下

课时间总是所剩无几，我们便如百米冲刺般冲向厕所，若实在时间紧迫，一个人在课堂上与身体的最大极限孤军奋战也不是什么稀奇之事——学习，更多的是哑巴吃黄连。当我们在灯下的一方，面对着一张白纸，苦思冥想，踌躇徘徊而久久难以下笔——学习，似乎应该是痛苦的过程——当我们蜷缩在考场的一隅，时间以快平常几倍的速度消逝，细碎的声音在寂静的考场间异常响亮，不断地以各种途径在颅内冲荡——学习，似乎应是焦虑的颜色。当我们在紧张的等待中，终于听见老师报到你的名字，浑身一软，成功的快乐，已被疲惫所吞没——学习其实是痛苦的历练，是痛苦的煎熬。

学习快乐，快乐学习，也许仅仅只存在于终获圆满的那一刻，只存在于手捧奖状时，那略略憔悴的微笑。所以，我们应该收起苦海中欢乐的小漩涡，不断努力跋涉在到达彼岸的艰难路途上。

月儿弯弯照我心

林启明

一想到那个人，一阵暖意便由心而生。

那天到同学家玩，走出同学家门才发现外面已经黑了，由于乡下小路没有路灯，小路显得有些阴森，幽暗。迎面吹来一阵凉风，我看着路边摇晃的草木，心中不禁有点儿害怕，心生退意但毫无理由，只能硬着头皮往回赶了。

打开手中的手电筒，灯光微弱，已经没有什么电了，过了一会儿，灯竟然熄了。我走在黑暗之中，四周寂静无声，传来的只有虫吟，和自己脚步发出的嗒嗒声，不知是否因为害怕，还是天气冷的原因，我的身体微微地颤抖起来。

不知从什么时候起，耳边似乎传来了一种不同于我的脚步声，我不禁有些慌了，小时候听到的一些鬼故事的画面在我的脑海中展现。似乎有一阵光从后面照射了过来，看来后面是有一个人，刚松了一口气，但很快内心又充满了恐惧，他要是坏人怎么办？要对我……我都不敢想象下去了。我加快了脚步，可背后的脚步声也跟着加快了，我不敢回头，只希望回家的路能够短一点，能够早一刻回到安全的家。黑夜下的小路却望不到头，我只能加快速度往回跑。

我感觉后面的脚步声也加快了，难道他真的要动手了么？我的心脏跳得更快了，双脚却迈不开来，只感觉追赶的脚步声越来越近，突然，一只手搭在了我的肩上，我几乎瘫了下去，"小朋友"，我不敢回头，耳边传来了一个人的声音。

空中的月亮和星星也躲进了云层，也许它们也不愿看到这一幕。

这个人把手中的手电筒放在我的肩上，他难道要用这个将我敲晕吗？汗已经浸湿了后背，我战战兢兢地摸到了肩上的手电筒，"这个手电筒你拿着，我到家了，怕你会害怕，拿着这个手电筒照着路走吧。"

我已经到嗓门眼的心回到了原处，原来这样啊，太谢谢了！

这个我不相识的人，竟为我打手电筒并且还把手电筒给我，不禁觉得一阵温暖由心而生。

月亮从云中出来了，柔和的月光照在他离去的身上，也照在我的心上。

树叶之路

李浩然

一个男孩儿来到一棵树下，风随他而至。

我是树上的一片叶，缓缓飘零似有不舍，众叶作唏嘘状，一阵哗然。

前排的树一阵战栗，似有胆寒，我知道，风来了。既已换上华贵的礼服，又何不慷慨地赴这秋的盛会？稍作装扮，我乘风，毅然落下。再见，我朝夕相处的叶伙伴，今朝有酒今朝醉，哪怕他西出阳关无故人！再见，生我育我的树母亲，谁言寸草心，报得三春晖；落红不是无情物，化作春泥更护花！

我舞着随意的轨迹，悠悠而下，如一位雍容华贵的贵妇人，虽然姗姗来迟，却仍要打理得沉鱼落雁，提裙边，持贵族应有的礼节，男孩儿揽秋入怀，捉一只飞舞的金蝶，细细端详。

我踏着精心设计的舞步，走台阶一般一步一舞。男孩儿近了，他将我捉住，仔细观察，我心中确乎有些激动了。

秋，肆意地咀嚼着饱含夏日勃发气息的叶，它已失去了往日的丰腴，唯有些嶙峋的骨，在寒风中瑟瑟着。它仍是不肯屈服的，轻抚着它的叶骨，那凹凸不平的脉络，那小巴掌似的，清晰可见的脉络呵，定是流过炙热的血。

010

被男孩儿轻抚着，我仿佛又回到了那新生之时……

春来了。在遒劲的劲条上，我迎来了自己的新生。"二月春风似剪刀"，在万物复苏的春中，虎头虎脑地，我探出了头。也许是初生牛犊不怕虎罢，在倒春寒里，我和朋友们肆意地歌唱春天的美好；在狂风中，我和朋友们齐心协力，紧抱大树母亲绝不松手；在暴雨里，我和朋友们酣畅淋漓地洗去身上的尘埃……

夏至。在热辣的阳光里，我感到骨子里有一股勃发的力量。烈日炎炎，大雨倾盆，我无所畏惧，一如既往地，踮起脚，伸伸腿，摆摆手，昂起头，拼了命地长高，长大。在太阳投下的一整片阴影中，我知道，那儿也有我的一份功劳。

"寒蝉鸣败柳，大火向西流。"秋如期而至，万物一片萧瑟，肃杀。我仍是不管不顾的，穿上华贵的礼服，窸窸窣窣地奏一曲自己的歌……

而如今，我落了，我凋零了，但我不会屈服，我将继续谱一曲生命的终章！我仍将高歌，我依旧猛进，我会以昂扬的姿态，以大笑，以欢乐，迎接这肃杀，沉浸于这生命的升华，这极致的大欢喜。

男孩儿盯着手中的叶，若有所思……

梦　　境

焦天浩

有些无聊，于是我随手翻开一本有关唐朝的历史书籍，看了起来。

恍恍惚惚中，我感觉身体好像在空中旋转，但很快又回到了地面。鼻腔里满是一股灰尘夹杂着臭汗的味道，令人作呕。我强忍着不适，一边咳嗽一边慢慢地把眼睛睁开，看着面前熟悉的古装男女，再联想一下方才看到的有关唐朝的介绍，我这才恍然发觉，我竟这么毫无准备地狼狈不堪地来到了唐朝，不过，这似乎和我所想的"小邑犹藏万家世"的场景有所不同……

哀鸿遍野。这是我对眼前场景的唯一评价：极速飞驰的马车扬起了尘土，呛得行人不住地咳嗽，几队身着铠甲的士兵，拖着沉重的步伐，有气无力地缓缓前进……突然，我与一个士兵的目光相遇，那是一种布满血丝的眼睛，泪水在黝黑的脸上冲出了两道泪痕。我的心有些疼，因为想知道他们为什么会如此，所以快步走了过去，那个士兵突然停住脚步，我一下撞了上去，本以为可能冒犯了他会受杖伤害，却没想到我直接从他身体里穿了过去！我恍然大悟：原来，我只是走进了这段历史的记忆里，成了一只谁也看不到的幽灵。

想到这儿，我便更加大胆地打量着四周。只见那个士兵呆呆地望着已经破败的茅屋，一位老妇人拄着拐杖，颤颤巍巍的似乎下一刻就会承受不住而跌倒坠地，我心头一紧，将视线移到别处，却发现到处都是一样的场景。或许是男人，或许是女人；或许是大人，又或许是幼儿。他们互相拉扯着，失声痛哭。我不知何时，轻快的脚步已经变得迟缓，耳中翻来覆去都是那一句诗："车辚辚，马萧萧，行人弓箭各在腰。爷娘妻子走相送，尘埃不见咸阳桥……"刚刚才在书上看到的诗句，此时用来这里竟是如此贴切！

咦？在书上看到的诗句？我一个激灵，骤然醒了过来。原来我不知在何时，竟趴在书上睡着了。

回想起刚才看到的情景，我不禁感慨万千：如果不亲历战乱，就永远不会了解战争！在这之前，战争的惨痛对于我来说只是历史书上叠加的数字。当我亲自在梦境中体验到那一切后，才明白战争的恐怖，才真正明白生命的可贵。

感谢这次奇妙的梦境！

围墙外边

周静娴

我将小林领到一个用围墙砌的废弃园子里，让小伙伴拿出球，准备大赛一场。

那时足球运动风靡全村，每个男孩儿都跃跃欲试，包括小林。我和几个较有权威的伙伴商讨身份，大家毫不犹豫地将守门员推给了小林。小林是全村最穷人家的孩子，从小没了父亲，母亲以拾荒维持生计，大家都瞧不起小林。但这个宝贵的球是他带来的，为了这个球，只好分他一个最无聊的角色。

小林得知了他的角色，虽然是预料之中，但他难掩失落，用讨乞的眼神向我请求，我瞪了他一眼，满是不屑。虽然他很不愿，但仍坚守自己的职位，每一次都做到最好，令我吃惊。

可有一天大伙儿都到了院子里，独缺小林，小林不来就没有球踢，大伙儿都很扫兴，我安慰说："再等等吧，小林是很守信的。"可没过多久我就后悔了，小林还是没来，我不禁在心里痛骂了他一顿。一阵"哐当哐当"的声音穿过围墙，刺进了我们的耳朵，这是小林母亲的垃圾车的声音，莫非小林来了？个高的男生踮起脚朝外看，

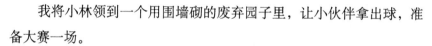

告诉我们外面的实情："是小林，只是他和他妈妈推着车向远处走了，他还拖着几大垃圾袋，看上去十分吃力。"我们一个个再也忍不住了，都想跑出院子找小林，但不能让他发现，只能跳起来看外面，小林穿着打满补丁的衣服，费力地拖着垃圾跟上他母亲的步伐。路上遇见位乡亲，小林还友好地冲他点头微笑。他母亲似乎还问他累不累，尽管他在大口地喘气，还是摇头否定。小林瘦小的身体被夕阳映出的影子，大得惊人。

看到小林为生活不断拼搏，大家沉默了，惭愧在空中弥漫。

谁也没有想到，围墙里无忧的奔跑，无虑的欢笑，而围墙外的他，虽与我们同样的年龄却需要为了生存而如此辛劳。

围墙的外边的世界，更值得我们反省自我。

014

爷爷的田

李卓玥

那被你当宝贝的一小块地上，种满了各种农作物，甚至还挖了一口小水塘，那陪伴你，与你并肩作战的农具伙伴们，则被你细心地整理好，放在一旁干净整齐的小屋里。

那些岁月刻在上面的记号告诉了我，你与这些田的情结。

锄头上的黑纹告诉我：你年轻时，为生活所迫，在天还没亮的数九寒冬，双腿插在冰凉的水中，采摘水芹，一摘完，连缓都不缓，就骑着自行车，驮着一麻袋宝贝菜，一下一下地蹬进城赶早市，抢个好摊位。有时忙起来，中午只吃几个冷而干硬的馒头，但你心中，是甜蜜蜜的。

尽管你是那么的节省、勤劳，但，你的身份，代表着永远没有出头之日，生活从不会宽裕。

最贫穷时，一言不发只紧紧守护、陪伴你的，只有那忠实的田。

镰刀上的黑纹告诉我：如今，随着子女的长大，你的生活也渐渐宽裕下来，但你还舍不得这么早离开陪伴了你大半辈子的田，为了一家人能吃上健康绿色的菜，你仍然日出而作，日落而息。

为了让外孙女多长身体，不肯休息的你甚至养了些家禽。从此，你不仅要管理自己心爱的田，还要到处向别人打听、讨教养鸡、鸭、鹅的秘方。这使你本就呈深咖色的皮肤蜕变成了黝黑。

秋风拂来，那成熟的枣子、黄瓜、韭菜随风摇曳，这不同于公园、植物园中植物的观赏美，这是朴实的美，沉甸甸的美，厚重的美，丰收的美。

我漫步在田间的小路上，转过身，开心地对正在田间劳作的你大喊："外公，今年的收成不错哦！田真不愧陪了你一辈子啊！"你黝黑的面庞上绽放出一朵朵笑纹："哪里！我不过是个没用的农民，和田待得多了罢了！"

陌上花开，田间叶摆，那陪伴了你一辈子的田，仿佛也露出开心的笑容。

那一盘棋

邓乔轩

　　每逢传统佳节，登门拜访长辈自然是必不可少的。今年中秋爸妈照例带着我下乡去看望爷爷。

　　城乡相距并不算远，不一会就到了村上热闹的集市，穿过集市，便进入了宁静惬意的乡村。水汪汪的田野里，绿油油的秧苗刚刚下种，一群白鹭在水田中站成一线，有几只时不时地将头钻入水中觅食，不知不觉，我们已经来到了爷爷的老屋门前。

　　爷爷已经早早地坐在门前，见我们的车拐进来便起身向我们走来，"爷爷！"我没等车停稳便叫了起来，爷爷一边应着，一边给我开了车门："放假了吧，你这小子近来长高了不少啊！"爷爷拉着我的手向老屋走去……

　　这是一间老旧朴素的砖瓦房，是爷爷一直生活的地方，墙壁上随处可见的斑纹见证了岁月的沧桑，我抚摸着墙壁，慢慢地沿墙走着。老爸支起了血压计给爷爷量着血压，这也是老爸每次下乡必做的一件事，爷爷的身体已不如从前硬朗，佝偻着坐在小凳上一边让老爸量着血压一边问长问短；在爷爷的房间，妈妈正帮爷爷收拾着屋内的物件。

　　无意间，一块斜倚着墙根摆放的正方形木板引起了我的注意，我

016

拿起它放在板凳上，木板很大很厚重，呈现出一种老陈木头所特有的棕黑色，我正纳闷这块木板是干什么用的，爷爷走了过来，"还记得这块板是干什么用的吗？""下棋的木板！"我忽地一惊，仿佛一下子想起什么。

"嗯，是的呢，不就是你小时候每次来都嚷着要下棋的板嘛，我一直收着呢。"爷爷慢慢坐到小凳上，仰着头，闭着眼，仿佛在回忆他与我相伴的年华。

随即，爷爷在柜子里取出用塑料袋装着的一袋棋子，我抚摸着这些饱经风霜的棋子，看着木板上隐约透出的"楚河、汉界"几个字样，心中慢慢地回想起儿时爷爷和我对弈、陪我玩耍的场景：屋前的老桂花树下，棋盘上的一场激厮杀正在进行，爷爷几度的退让，而我几度的错失良机之后，无力回天的我，常常一把夺走爷爷的"将"，然后直呼"爷爷输了"，爷爷也好像从来都没赢过我。下棋之后，爷爷会骑着自行车带我上镇上去，给我买上一些水果之类的零食，会带我去田间看农作物……爷爷就是这样一直陪伴着我。

如今，我已离开爷爷去城里读书，记忆随着时间逐渐模糊，但是爷爷独自一人在乡下生活，这些回忆一定成了他脑海中最宝贵的东西。

思索间，我已默默地摆放好那块棋板，拉住爷爷的手说："爷爷，今天我再陪您下一盘棋。"

有你们陪伴真好

曹舒涵

　　"请六年级女子一千五百米参赛选手到篮球场检录处点名……"广播里的声音穿过了人声鼎沸的操场，准确无误地送入了我的耳中。

　　"唰"的一声，我从位置上站了起来，把旁边的慧吓了一跳，她轻轻握住我的手，说："没事，有我陪着你呢，别害怕！"

　　羽匆匆从远处跑来，气喘吁吁地说："目前只有一班比我们多两分，五班比我们少一分，其他班级还在后面……别担心……你别一心只想着拿分，安心跑完全程就好了……我给你加油！"刚刚那颗躁动不安的心似乎平静了许多。

　　"啪！"发令枪响了，选手们像离弦的箭一样冲了出去，我也紧跟上大部队冲向前方。第一个弯道过后，我轻微地调整着步伐与呼吸的节奏，感受到鞋底摩挲着橡胶颗粒，风轻轻抚过发梢，额前的汗珠在太阳的照射下逐渐蒸发。

　　一圈，又一圈，脚步渐渐沉重了，"日高人渴漫思茶"的念头席卷了我，无尽延伸的跑道让我感到绝望，步子越发慢了下来。"舒涵加油！坚持住！加油！"循声望去，人群中的欣和毓正一边使劲朝我挥手，一边大声叫喊。我朝她们点点头，努力跑上前去。跑近了，欣跟上我的步伐，把一瓶打开的矿泉水递在我手中……

018

下一个弯道口，洋已早早等在那儿。"你卡住现在这个位置就行了，调整好呼吸，脚步不要乱，"长跑名将的他在跑道内侧边跑边面授机宜。我试着提气，均匀呼吸，咦，步子似乎不那么重了，"对，就这样，坚持住！"他渐渐停下脚步，但目光一直伴随着我跑向直道。

带着一分好奇，我迈向下一个弯道。果不其然，恒已挥着双臂在等我了。

直道、弯道、直道……最后一百米，抬头望去，跑道旁站满了人，熟悉的，陌生的，一张张面孔都在默默关注着这场比赛，期盼着的羽、喊加油的欣、紧随其后的慧……是的，我不是一个人！

结局已经不再重要，因为我知道，我在跑道上奔跑的同时，跑道旁的你们，也在陪着我进行着一场接力，你方唱罢我登场地为我驱散了绝望与煎熬，带给我惊喜与温暖。有你们陪伴真好！

黄　金　饼

庄　妍

对于小时候的记忆，似乎大多和吃有关，那些普通的吃食因为特殊的人，特殊的味，而变得不再普通。

爷爷奶奶家的小区门口，有一个烧饼摊，每每想起，儿时的记忆便会随着那金黄的饼慢慢连成一个整体。

早晨，我便被爷爷牵着，迎着阳光，到那烧饼摊上买早饭，一老

一小，沉稳的宽厚肩膀和跳跃的小小身影，沐浴在柔和的阳光下，似乎有难以述说的温馨。

因为有临近菜场和学校，又在马路旁，那烧饼摊的生意十分红火，小时候的我因为好奇，总让爷爷抱着，看那洁白的面团如何在一双灵巧的手下，变成一张张金黄的烧饼。

身后的街上渐渐忙碌起来，柔和的阳光唤醒了步履匆匆的行人，更多的生命在面团的拍打声中被唤醒，小摊前渐渐围满了人。

里三层外三层的人群将小摊围得密不透风，街上的鸣笛声和喧哗声被远远地隔绝在外，耳中只有硬币掉落在桌上的清脆碰撞声。

麻利地装袋，迅速地离开，人群中不断有人挤出挤进。我在爷爷的怀中，却没有一点儿碰撞，宽厚的臂膀阻挡了碰撞，隔绝了喧嚣，让那小小身影足以有安稳的小天地，去做她想做的事。

随着香味的飘散，一张又一张的饼从锅中拿出，我拿着那饼，轻轻咬下一口，甜蜜的滋味涌上心田。阳光下，宽厚的臂膀抱着小小的身躯，四周洋溢着温馨，甜甜的温馨。

日复一日的简单生活，因为那甜甜的饼，宽厚的肩膀的陪伴，而变得不再普通。

如今，那承载着我无限回忆的烧饼摊消失在人来人往的街道旁，小小的身影早已亭亭玉立，宽厚的肩膀逐渐被岁月压弯，可每每走过那熟悉的路，那熟悉的味似乎仍在鼻尖环绕，那熟悉的身影和肩膀，仍旧历历在目，无法抹去。

也许，这不再是那金黄色的饼对我的陪伴，而是我对那甜甜的味蕾记忆的眷恋，对那宽厚臂膀的眷恋。这份情，如同黄金一般珍贵，永藏在我心。

别了，儿时的生活

罗文昕

现在的我已经是一名小学毕业班的学生了。

无忧无虑的小学生活即将结束了，我们只能朝它挥手告别。

在那间布满灰尘，少有人去的"书房"里，还存放着什么值得我铭记的事物？

有我小时候爱不释手的玩具。那个棱角几乎被抹平的陀螺，它在我的记忆中旋转着，伸展着着肢体，飘舞着长裙，展示着绚丽的舞姿，而我在一旁，自娱自乐地喊道："太好了。"还有那个被打乱却回不到从前的魔方，无论我如何绞尽脑汁地旋转，却都只能在错综复杂的图案里不停地徘徊。咿呀学语的我，就是这样，日复一日，懵懂天真地过着生活。

有我刚入校园时相识的漫画书。像《父与子》《三毛流浪记》……每当路过书房，我都想去翻上几页，回味儿时的生活。这些简单、廉价，甚至有些幼稚的漫画书，却成为我童年时代的珍宝，我曾经的挚友。

有我幼年时期的算数本。虽然现在已经"千疮百孔"，但我怎么忍心将它舍弃？纸上"1+1=2　2+3=5"这些算式，都见证了我的成长。看着字里行间那用红笔划过的痕迹，我仿佛又听到了妈妈当时对

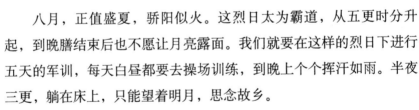

我的表扬。我的成长，离不开父母的支持和鼓励。

有我以前唱歌的乐谱。当时的我是名副其实的"歌霸"，拿上乐谱，坐在钢琴前，我就会立即沉醉在音乐的世界里。直到现在，在我的内心，还会忆及起那段歌曲："长亭外，古道边，芳草碧莲天"……

小学生活即将画上句号。在成长道路上，蓦然回首，依依不舍地告别从前。再见了，我的玩具；再见了，我的漫画书；再见了，我的歌声；再见了，我最喜爱的童年生活。

回家的感觉真好

陈子祺

八月，正值盛夏，骄阳似火。这烈日太为霸道，从五更时分升起，到晚膳结束后也不愿让月亮露面。我们就要在这样的烈日下进行五天的军训，每天白昼都要去操场训练，到晚上个个挥汗如雨。半夜三更，躺在床上，只能望着明月，思念故乡。

在学校的五天，我们流过汗，洒过泪，甚至还滴过血。时间仿佛被冻结了，手表的"嘀嗒"声，似乎变得越来越慢……

第五天终于在我们苦苦的期盼下到来了。午觉醒来，我们已无法按捺住内心的激动。下午，家长们人流如潮，快步地走向教室。我也迫不及待飞奔出教室，挤在熙熙攘攘的人群中。终于，在一个转弯路口，我看到了那张朝思暮想的面孔，便立刻扑向母亲的怀抱……

可以和爸妈一起回家了，我的心情十分喜悦。眺望远方，田野里稻穗颗粒饱满，清风徐来，成熟的庄稼随风点头；田边草色青青，繁花似锦；仰望天空，一碧如洗，太阳也变得温和了，在洁净的白云间"躲猫猫"……这一切比五天前去学校时更加秀丽迷人，令人心旷神怡。

行车一个小时，我终于回到了魂牵梦萦的家。我飞快地跑向家里，爷爷奶奶见到了我，都异常高兴，连忙去杀鸡买菜，为我筹备了一顿饕餮盛宴。我好久没有品味过这么丰富的佳肴了，在餐桌上，我的食欲大增，一直狼吞虎咽着，将碗里饭掏空后还要继续清理菜汤，直到吃得肚子在"抗议"，才丢下了碗筷。以前在家时这些看起来都是常常吃的，可到学校训练才五天，已经觉得家里不论做什么饭菜，都是我最喜爱的。只要和亲人在一起吃饭，就是喝水也感觉幸福快乐

晚上我躺在床上，是那么柔软舒适。皎洁的月光照射进来，一片朦胧。家里的绿植上的枝叶沙沙作响，演绎着优美的摇篮曲。

回家的感觉真好！

023

如果没有这些叶

居 然

也许是受朋友的熏陶，我妈妈热爱上了养花，院子里花团锦簇。

假期里，爸妈都要出门工作，临走前嘱托我照料一下院子里的花，这可把我给乐坏了。电脑啊，电视啊，零食啊，玩具啊，都被我

抛之脑后了，一心只想当一次辛勤的园丁，为这些花花草草服务一次。

无意间，我留意到了一株靠着墙外的花。这是一株红玫瑰，正是开得娇艳之时，红得像火，生长得很热情。但这也掩盖不住它的一处瑕疵——花朵周围长出的绿叶却显得精神不足，也许长期没有经受阳光沐浴，也少有雨水的滋润，已经有些泛黄，它们影响了整盆花的可观性，我对这些叶子产生了一点儿厌恶之感，但还是给它们浇了一点儿水，并让叶子们尽量朝向阳光，希望它们不要严重影响这朵玫瑰的美丽。

在花园里度过了一个上午的美好时光，我饥肠辘辘的，便进房屋吃了一些饼干和泡面。饭罢，我就想睡一会儿，期待着一觉醒来后花园就会焕然一新。想着想着，竟睡着了。

孰知天有不测风云，一声惊雷把我给吵醒。我注视着窗外，大雨如注，这非比寻常的天气真叫人有些担惊受怕。

我好担心院子里那些花儿们的安全，忙打开了房门，赶紧到院子里去查看，尤其是那一株墙外的可怜的红玫瑰。

走到院门前，咦，那位娇艳的"小姑娘"去哪里了呢？我低下头仔细一瞧——哦，它在这里，被一些黄叶包裹着。掰开一看，这株红玫瑰还在盛开着，没有受到什么损伤。

我不仅深感触动：这些残叶竟然不惧风雨，用自己的虚弱生命，庇护着花朵。这些残叶并非愚钝，它们不会傻到不自量力去和暴风骤雨抗争，但它们出于使命感，全心全意地护佑红花。它们用生命坚持着，诠释了什么是坚毅？什么是勇敢？什么叫作鞠躬尽瘁……

暴风雨是无情的，它们对叶子们虽然造成了巨大的摧残，但也锤炼了叶子。如果没有这些叶子，哪有眼前的红花？这些残叶虽然已经耷拉了下了脑袋，但在我眼中，它们依旧是那么生机勃勃、美丽可爱。

你也是一道风景

李文华

我喜欢旅游，出门走走，有益身心；出门看看，开阔视野；出门说说，陶冶情操；出门吃吃，回味无穷……而那一次旅行，让我更心满意足，因为我看到了一道别样的风景。

那是一年暑假，好不容易把作业写完了，父母答应带我去北京玩一周。我如飞出笼的小鸟一般，甚是欢喜。

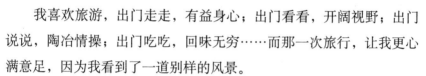

按原计划，我们先在北京的大街小巷玩了两天。特别是第三天去游览长城，最有趣了。

我们来到了"八达岭长城"，体验了八百多米的"好汉坡"。顶着七月的赤日，随着熙熙攘攘的人群，踩着参差不齐的石路，总算爬上了坡顶，我心里满是自豪。

饱览了魏巍长城两旁的壮丽河山后，我准备下山了，在返程中，我发现有几个游客遗弃的塑料袋和汽水瓶躺在路中央，可周围的游客经过它们时都是熟视无睹。我站在汽水瓶子旁，犹豫了片刻，但因为嫌麻烦，最后还是离开了。

我刚走了过去，突然听见后面"哎哟"一声，回去一看，原来有个女游客踩到了汽水瓶上摔倒了，爬起来后，一脸愤怒，连声斥责有些游客没有公德心，埋怨为什么没有人来处理这些东西。

好在这个场面没有僵持多久。不久，一个长城上的环卫工人走来了。他面色黝黑，身材瘦小，穿着一缕单衣，他没有说什么，很平常地走了过来，把塑料袋和汽水瓶子扫走。并叮嘱我们要注意环保，遇到障碍物需谨慎。然后，他又往前走去了，去清理更多的污渍。

我思绪万千，我因那时的犹豫而感到惭愧。央视广告说得好："你是游客，也是风景。"这位清洁工人，你就是整片景区里无可替代的一道风景，因为有你，我们才看到了最美的长城。

意料之外

朱子尧

026

我有一个朋友，小名叫"等乐"。也许你会疑惑：为什么他不取一个"高端大气上档次"的昵称？其实，这个昵称背后，还有一个一波三折的小故事你哩。

等乐一家人都爱吃水果，家里的冰箱内有百分之七十的位置放的是水果，有时甚至会因为一个苹果，一家人就展开"群雄纷争"的局面。

有一天，等乐从餐厅里拿来两个梨，到客厅想开电视，正巧妈妈也在客厅，他看到等乐手中的梨，就开了个玩笑说："孩子，你手上的梨看起来色彩鲜艳，汁水饱满，吃上去一定很香脆，能给妈妈一个吗？"妈妈的眼神中充满了期待。等乐转了一下眼珠，犹豫了一阵，然后，就迅速啃了两个梨各一口，妈妈显得很失望，觉得放不下脸面，便愤愤然进了房间，等乐在客厅里呆滞了好长时间，心里好像觉得委屈。

晚上，妈妈做了一个梦，梦里，她看到了一个孩子，手里拿着两个梨，又蹦又跳地走来，他的妈妈看见了，也开玩笑地说想要吃一个，孩子思索片刻，又啃了两个梨各一口，妈妈有些伤感，泪水已经在眼眶里打转。这时，那个聪明的孩子举起左手的梨。"这个梨更大更甜，我都尝过了，妈妈，您吃吧。"这意料之外的梦境让这位妈妈破涕为笑。深受感动的她，还是没有收住泪水，她"咯咯"地笑醒了，发现原来是一场梦。

第二天，妈妈走到等乐面前，会心一笑"孩子，有个新鲜的梨子，吃吧。谢谢你做了一个在我意料之外的事，却给了我一条重要的启示。我应该正确的教育你让你懂得与人分享。以后，你的小名就叫'等乐'吧。"孩子也笑了，依偎在妈妈的怀里，久久不愿分开。

快乐其实不是绝对的。寻求快乐的过程中，你也会与"苦"打交道。寻求快乐其实不易，关键在于面对"苦"，你有没有积极的心态，有没有坚持到底的精神，有没有等待的耐心，有没有到最后一定能得到快乐的信念。

只有容纳了意料之外的"苦"，才能收获意料之中的"乐"。

成　熟

贺茹暄

六月初，葡萄架上绿叶浓密茂盛。

随着"砰"的一声，房门恶狠狠地被我甩上，我赌气地坐在床边。又是一次因为对于同一事件不同看法而起的争执，因为自己的意见没有得到妈妈的认同，便不再理会妈妈的话语，像刺猬一般缩回自己的房间。却不知这样的关门，也堵塞了自己与他们交流的渠道。

这样的场景，从小到大都是这样，从来没有哪次能"完美收场"，最后，总是两败俱伤。我看着关上的门，心里却是一阵没由来的矛盾感觉。一边是不想再和妈妈说一句话，一边却是为妈妈暗暗担心，我有点儿耐不住性子，想要出门，但不知怎样和妈妈说，便将门悄悄打开一条缝，寻找妈妈的身影。

沙发上坐着的妈妈仿佛对之前的争吵并不上心，只是出神地望着电视。不对，注意力好像不是在电视上，而是在一旁的相册上。看什么照片呢？我悄悄地走到妈妈的身后，顺着妈妈的目光，看向了那张照片。

原来，那是一张我与妈妈的合影。

背景是一片金子般的油菜花田，中间夹杂着点儿鲜嫩无比的茎。我和妈妈对着镜头，依偎在妈妈的怀着，笑得十分开心，十分灿烂，仿佛我们拥有了整个世界。那是多么亲密的一段时光！

看着眼前的妈妈，我才恍然大悟，自己都做了些什么。回想自己因一些鸡毛蒜皮的小事而顶撞父母，不听他人劝导且态度恶劣，个子在慢慢长大，行为却幼稚可笑。

我后悔自己的不懂事，静静地站在妈妈身后，低下了头，像个偷吃糖果的孩子，然后小声道歉。

妈妈回头惊喜地看着我，但她什么也没有说，只是转过身轻轻地抱住我，拍拍我的背，就像原来一样。

心中的压迫感在这一瞬间便被消除，留下的只有对亲人的信任和依赖。而母亲，是唯一能够这般给我以温暖的人。

八月，葡萄熟了。我摘了一个尝了一口，涩涩的，却又甜甜的，这是成长的滋味。

成　熟

练昔杭

悠悠岁月如涓涓流水，回首时，那人仍在灯火阑珊处守候。

艳阳高照，和外婆在家中席地而坐，我一手举着棒冰，一手搭在窗边，伺机翻窗溜到田间玩耍。窗外的小狗朝我摇着尾巴，时而叫两声，似乎在等着它的小主人带它一起奔跑、撒欢。

外婆摸了摸我的头，笑盈盈地问道："饿了没？想吃什么？外婆给你做！"我猛地点点头，心里一阵欢喜：真是个好机会！外婆简单收拾了一下桌子，踱步进了厨房。

瞅准时机，我立马随便拖了双凉拖，就向门外冲去。边跑边咯咯地笑，炙热的阳光也无法阻挡我对田间的渴望。

外婆与我好似有心灵感应，我才跑出去十多步，忽然听到身后有一个焦急而又熟悉的声音，唉哟，外婆追来了！我如小偷遇到警察一般，不禁加快了步伐，拖鞋与地面摩擦发出"啪哒啪哒"的声响，既紧张又快活。额上豆大的汗珠滚滚而落，顾不上擦拭，只想跑得更远一点儿，身后的呼喊声若隐若现，但感觉呼喊声一声比一声焦灼，似乎有几分力不从心的无奈。

我不知不觉地放慢了脚步，正准备回头找外婆时，可看到小狗在我的前面散着欢，田野的景色实在诱人，我顿时改变了主意，又奔跑了起来，竭尽所能地在这个快乐空间中多滞留一分一秒。

"快回来！"外婆用尽全力一吼，听到外婆的这着急的呼喊，我原有的快乐突然瞬间消逝，我停下脚步，回首一看，外婆每一步的提脚都是那么的费劲，步履不似从前那般矫健，胸也不如从前那般挺直，她的一举一动，只能用"力不从心"来形容。

我转身奋力奔向外婆，踮起脚为外婆拭去额前与鼻尖的汗珠，她急促的喘气声在我的耳边萦绕……

时间的巨轮滚滚向前，身边的人和物也迅速交替，我们的不成熟使我们终日处于追逐个人的欲望之中，忽略了身边爱自己的人、淡没了亲情，使自己的欲望成了他人的负担。

我们何不慢下脚步等一等身后的那个人？

030

小小的幸福

贺文璇

人们都说小学毕业班的生活会十分忙碌，一点儿也不错。当每天完成作业时，钟上的指针明晃晃的指向十一二点了，根本无法再做自己的事。

终日拿着用来"战斗"的笔，马不停蹄地完成一项又一项的目标，一切都仿佛被按上了快进键，忙碌而又空洞。

哪怕这才刚刚下午，但上下的眼皮就想开始打架。喝着不知道什么时候倒的茶，被冷得打激灵。看着计划本上密密麻麻的任务，心里立马没由来的疲劳。看了看手表，发现时间还早，便有了想偷会懒的小心思，但又碍于时间不够，就开始迟疑，咬了一会笔头，终于下定决心，从书架上取出一本好久未看的书，坐到了松散的沙发上。

许久未曾以如此放松的姿态阅读，还有些不习惯。但也许是当时的氛围过于放松，自己也慢慢适应了起来。

下午的阳光还稍有些刺眼，我便拉上了一半的窗帘，透过窗帘的阳光很柔软，浅浅地打在屋子里，是我从未感受过的惬意。木质的地板被烘得暖洋洋的，我忍不住将脚放在那地板上，此时，只有翻动书页的声音和我自己的呼吸声。

兴许是过于安静，妈妈忍不住探出头来查看。

"看书呐？那我不打扰你了。"妈妈从房间内也拿出来一本书，和我一起阅读。

阳光透过了母亲的秀发，竟然是浅浅的栗色，让我不禁靠在了她的身上，很安心，没有一丝烦躁。

偷了半天的懒，终于又开始准备完成任务，但出乎意料的是，不知哪来的动力，原计划一天的事务，竟一个晚上的时间都不用就完成了，内心充满了难以言喻的幸福感。

我曾问过妈妈，什么是幸福啊？

她笑道："看你自己的体会了。"

现在我才明白，原来幸福也可以很简单，哪怕就像今天下午，偷得浮生半日闲。用自己的慢节奏，适应这个快速前行的社会。

这样的小小幸福，才是最值得享受的。

夜空中最亮的星

　　孔明，但丁，君士坦丁，为了自己的理想、人民和国家，他们用不同的武器、不同的方式去战斗，尽管当时并不能为所有人认知，但星空不会说谎，他们永远是夜空中最亮的星星，鼓舞着召唤着后人奋勇前行。

夜空中最亮的星

连若兰

人生如一班列车，车窗外的旧物旧景，难免令人触景生情。

"嗒嗒"，你穿着黑中略夹一抹深蓝色的高跟鞋，着一袭长裙，如夜空一般深邃而又神秘。你慢慢走到我身边，轻轻拉了一下我的马尾辫，示意我和你去一趟办公室。一路上，我低着头，两只手不停地互相扯着，心中则有无数只小鹿乱撞，忐忑不安。来到办公室，连呼吸都变得异常小心，生怕惊动了你。而你却用出乎意料地用温和如水般的语气为我分析学习上出现的状况，渐渐地我弯下身子，与你交流，从畏惧转为亲近，那是我第一次和你靠得那么近。

年级高了，年龄大了，脾气也噌噌地长。同桌那时是一个不大温顺的倔驴，总爱挑人毛刺，甚至还在桌上刻出"三八线"，成天也没个好脸色，时而眉头紧蹙，脸上似蒙了层灰；时而怒上眉梢，乱发一通脾气。"近朱者赤，近墨者黑"，我也逐渐变得和他一样性格暴躁且无常。爱为鸡毛蒜皮的事情斤斤计较。你似乎拥有着鹰般明亮的双眸和含羞草一般敏锐的感知能力。你第二次唤我去办公室，来到你身边，只见你清秀的眉眼间比以往平添了几分担忧，你用严而有爱的语气，为我上了一节待人接物课，使我的坏脾气，在今后的日子中渐渐隐退。

不经意间，又是一年冬天，寒风凛冽，值日时的擦洗抹变得痛苦和艰辛。擦洗完黑板和讲桌后，两只手已冻得通红，洗布的右手与不劳作的左手相比，似乎略肿胀。透过窗户见校园中的两排路灯早已亮起，夜幕降临，星星也赶来点缀单一的夜空。我一边拾着书包，一边为回家的方式而神伤，我似那天空中一颗迷失了寻找归宿之所的小星星，孤独而无助。又是那个熟悉的呼喊声，我拎起书包奔向你，你掏出手机拨通了妈妈的电话，联系好后，你则带我去门卫等待，直到我上车后才与我挥手告别。

你在我校园生活中扮演的角色已不仅是老师，还如精心呵护我的妈妈，更是及时提醒我调整个人状态和修炼性格的诤友。

你如夜空中那最亮的星，指引我前进的方向，更为我的人生之路亮起了明灯，你是我心中最亮的星。

夜空中最亮的星

刘起任

历史上有些人物，为了实现某个目标，甘愿献出自己的一切，直至生命，他们如天空的星星一般，永远照亮着世界。

孔明，那个在草庐中暗观天下大事的青年，那位忠心守护汉室的智者，为了自己的国家，他尽心尽力。

他守着草庐，在刘备来之前；他守着汉室，在刘备来之后。

他最后的北征，明知取胜无望，却仍要拼尽全力，在五丈原化作一颗消逝的流星。

那时，他为了理想抱负成了夜空中最亮的一颗星。

但丁，文艺复兴的引领者，不顾上层势力的威胁与权势，毅然决然地站在了新兴的市民阶层一边。

他向往着自由与平等，怒斥着上层权贵的卑劣行径，痛诉着教皇的所言所行，揭露了教权与王权统治下欧洲中世纪的黑暗与残酷。

可终究还是徒劳，他愤怒无处可泄，悲伤无处痛哭，在他面前只有漫漫黑夜。

于是，他为上层的阶级描绘出了九层地狱，《神曲》一出，但丁也圆满了，他为人民争取到了未来的希望。

那时，他为了广大的人民成了漫漫世纪里的一颗星。

君士坦丁十一世，那出生于没落帝国的君王，接管了拜占庭，有着远大的理想抱负却无力回天。

"这是我的帝国！"他想着，并为此奋战。

当土耳其人进攻时，他没有丝毫的畏惧，只是静静地数着炮弹落在城墙上的震动之声。

城破，君王最后一次穿上他的铠甲，上马，冲入敌军的阵营，就像一片铝铂扔进暗红色的浆水中，转瞬间无影无踪。

城已破，君王战死沙场，罗马延续千年的车辙消失。

那时，他为了自己的国家成为了历史长河中一颗星。

孔明，但丁，君士坦丁，为了自己的理想、人民和国家，他们用不同的武器、不同的方式去战斗，尽管当时并不能为所有人认知，但星空不会说谎，他们永远是夜空中最亮的星星，鼓舞着召唤着后人奋勇前行。

距　离

龚志欢

　　烈日高照，公交车如暴露在空气中的一个硕大烤箱，置身车中，燥热的微风令我烦躁不安。

　　汽车猛地刹车，让我措手不及，险些撞在了前座的椅背上。门缓缓打开，一对衣着朴素的夫妇出现在我的视野里。他们掏出两枚硬币，轻轻投入，见它慢慢滑入底部，才放心地走到后排来寻找座位。

　　他们就坐在我的前几排，我眉头紧蹙地望着他俩，还因刚才的事而耿耿于怀，心中更是止不住地碎碎念。

　　我扭过头去尽量不让他俩的身影出现在我的视野里。渐渐地，他们奇怪的动作总是在我的周边视觉中浮现，我逐渐正视他们，只见左边的妇女总爱在右边丈夫的头上来回舞着，时而还会捏捏他后脖梗子上的一溜肉沟。

　　我终于仍不住了，戳了戳一旁低头看微信的妈妈，耳语道："瞧，前面那对夫妇真是没教养啊，在公共场所手舞足蹈的，全不顾及周围人的感受。"妈妈没有言语，只是顺着我目光的方向看去，她仔细观察着那对夫妇的一举一动，眉头微微一皱，轻声对我说："你呀，不知道就别乱评论他人，他们是聋哑人！你所谓的手舞足蹈是他们的交流方式。""啊？聋哑人？不会吧。"我摇了摇头，固执己

见。"你当真以为聋哑人离我们远吗？他们其实是生活在我们身边的一个小群体，在他们的世界里，一切都是无声的、沉默的。"

我沉默了，低头回想着自己之前的所作所为，甚是羞愧。妈妈长叹一口气，低语道："不能怪你，我们总是习惯性地用异样的眼光去看待聋哑人这个特殊群体中人们的交流方式，难免有对他们的不尊重，不能完全从心灵上与他们亲近，存在隔阂，或许这就是人心的距离吧。但我们应从现在开始，平等地对待他们，你说对吗？"

我再一次抬头时，见他们已起身将座位让给一位老奶奶，自己一直站着，但他们没有停止"手舞足蹈"，见他们吃力的交流方式，我喃喃道："可能正是我们对聋哑人不够友善和尊重，才使他们与我们所处的现实生活有一定的距离，无法完全融入吧。"

汽车到站了，我走下车，再一次抬头看那对聋哑人，默默点了点头，心情平静了许多。

静

杨新平

临近期末，学习与生活的节奏也随之快了许多，大脑似连夜赶产的工厂，轰隆轰隆，高速运转着。

在校一天，连考三场试，已成常态，回到家中，拖着疲惫的身躯，抽出作业本，坐在餐桌前，想充分利用一下饭前的十几分钟，"咣当咣当"，一旁的表妹似乎并不配合，沙发上的爸妈也大声交谈着，整个房间中没有一丝静意，唯有喧闹。内心更加烦躁了，根本无心学习，一天的压制仿佛已经漫过了喉咙，随时有可能如火山般喷发，不知趣的表妹又听起了有声读本，我终于按捺不住了，满心的不悦化为了偏激的行为，"吵死了！"说罢，便拎起书包去书房，边走边埋怨着：这么吵！叫我怎么学习？

到了书房，推开门，见里头没有了会制造噪音的家人，不禁满意地点了点头，这下可以静心学习啦。放下书包，坐了下来，提笔磨蹭了几个字，忽然觉得有点儿热，便立即起身去取电风扇，安放好，喃喃道：没有了闷热骚扰，可以静心学习了，提起笔又磨蹭了些许，嗡嗡的蚊子，又使我心神不宁，刚要起身，方才的话又浮现在我脑海中，静心学习？可这嗡嗡的蚊子太可恶了，便起身去点蚊香，点着了蚊香，长呼一口气，没有了蚊子的碎碎念，终于可以静心学习了。

翻开书本，突然觉得台灯有点儿暗，想换一个亮些的，正喜滋滋地想去取时，桌上贴的期末目标映入眼帘。

真的有这么多需求吗？不是吧，分明是自己在为自己的不静心学习找借口。所谓学习，就是一支笔、一本书、一张桌子的事，其他的都是个人的浮躁所添置的无关紧要的东西；唯有宁静，方能致远，只有自己明白自己要做什么，为了什么，才能有源源不绝的动力；静下心来发奋向前，才能向自己的目标一步步靠近。

我们的确是普通人，生活在滚滚红尘中，难免会身带浮躁，浮躁地对待他人、对待生活、对待学习，于是就会产生许多的不如意。其实，不是别人喧闹，不是世界喧哗，是我们自己内心的不宁静；假如我们的内心安静了，相信这个世界就一定宁静！

039

特别的风景

贺茹暄

隔壁家院子里的向日葵开了。

好客的女主人便在一天下午邀请大家去参观她的花园。她是一位非常有情调的人，以至于她的小花园常常有人来观赏。

推开后院的精致木门，花朵还未映入眼帘，扑面而来的便是馥郁的香气。待到我们真正进入了花园时，大家都发出了惊叹的呼声。

各种颜色的花朵相映成趣，蝴蝶蜜蜂竞相翻飞，一时间使得这寂静的小花园热闹非凡。这仿佛是一个巨大的调色盘，令大家流连其中。女主人还贴心的摆上桌椅，准备了茶水和点心，脸上满满的自豪和骄傲。

我在花园中慢慢踱步，似乎徜徉在金色海洋的海洋里。由于向日葵喜阳的缘故，它们便占据了温室中光线最好的地方。下午的阳光是柔和的，如同一层薄纱。可能是偏暖橘色的缘故，温室中的一切事物仿佛都被镀上了一层金色。温室中大人们即使交流也都是窃窃私语，生怕惊扰了花们的安静，谁也不愿破坏这美好的静谧时刻。

我欣赏着院中的向日葵花，猛然发现在杂草中孤零零地生长着一棵。兴许是女主人的一时疏忽，将其中的一粒种子落到了草丛中，从此无人问津。我却发现这株不寻常的向日葵竟长得比花坛中任何一株向日葵都要好。它仿佛被注满了无限的力量，努力生长着，努力着向上，向上，再向上。

这不禁引起了我的思考：这两种截然不同的生长环境，为什么生长出来的结果是不一样的？转念一想，却发现这和社会上的两种人十分相似。一种人就如同这花坛中的向日葵一般，自甘跟随大流，在有限的土地上汲取有限的养分，到最终是营养不够，落得和他人一样的下场，成为无法出众的复制品，没有自己的思想，意愿和奋斗目标。而另一种就像生长在草丛中的向日葵，懂得努力奋斗，懂得将自己的根扎到无法动摇为止，就如同尼采说过：其实人跟树是一样的，越是向往高处的阳光，它的根就越要伸向黑暗的地底。他们懂得如何生存下去，懂得在平凡当中脱颖而出，撷取属于自己的胜利果实。

我按下相机的快门键，镜头内，是一株独自傲然开放的向日葵。

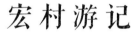

宏村游记

刘起任

去年国庆，去安徽黄山游玩，听说那里还有一个古镇——宏村，于是把它列入了计划。

游完黄山后，我们一行人去宏村，看徽派建筑。到宏村时已是晚上七点，昏黄的小街上到处是揽客的吆喝声、过往的汽车引擎声，随处摆放的摊位使得小街越发拥挤。

第二天一早，只见深邃的天空下是深绿色的山，白云在山间游

041

夜空中最亮的星

走，远处山脚下是一点一点白色的房子，恰如一幅水墨山水画。我们早早地来到宏村景区，人不是很多，一进宏村，就被那一汪池塘所吸引，半圆形的池塘，岸边一排柳树，或立或卧，虬枝盘曲，在平静的水面投下美丽的倒影，一群写生的学生在细致描摹，引得游人驻足欣赏。池塘中间有一条石路，上有一座小石桥，站在桥上，可以清楚地看到整个池塘的每个角落。

沿着这条石路往前走，就进入了宏村原生态居住区。青色的石板路，贯通着整个村落，路旁的引水渠是古人的先进技术，它把山上的泉水引到了每家每户，解决了居民的生活所需。水，清澈见底，斗折蛇行，一路奔跑流向村外的池塘。窄窄的青石板路，行人只能一人通过，两手一撑就可以碰到两侧的墙壁，抚摸历史遗迹，心中格外宁静，在这里不会感觉周边的喧嚣，只剩下古色古香村落的安详和永不停息流水的悠远。

再往前走，发现已到了商业中心，现代气息渐渐浓郁起来，游人渐渐多起来，一间间商铺已开门营业，高大的古树已满是照相的人群，导游的叫喊声、游客的讨论声，一时喧闹起来，我顿时觉得太吵闹了，掉头返回，想重新回到那片静谧的世界中去。

走到原来最安静的地方，想再次获得平静，却发现，无法再回归平静，商业之声，充斥着我的大脑。此时已近九点，刚才人流稀少的池塘现已围满了人，路上排队走着，小石桥上满满当当地站着，一眼过去，不见水，只见人。

好不容易穿过人群，出了宏村，回首遥望那人头攒动的小村落，再看看眼前现代的小洋房，远处的楼房，只觉得在哪里我们丢掉了什么。

我 爱 我 家

梁贝妮

我的家中欢乐无穷，一年四季，季季精彩。

春

又是一年春好时。春天的阳光不算暖，但也足以让我们闷了一个冬天的孩子们乐上一把。奶奶家前院大，花儿开的早，蝴蝶蜜蜂竞相翻飞，沉寂了一个冬天的院子就这么热闹了起来。妹妹和我偷偷躲在旁边捉蝴蝶，末了洗个手，急急忙忙冲上台子品尝奶奶烧的小汤圆。一人放一勺白糖，嘴里甜丝丝的，心里暖洋洋的。有时候趁家里人不注意，还会塞一小口甜汤给桌子底下的狗尝尝；假如被发现了也顶多是被轻轻拍一下，吐吐舌头又去玩了。

夏

炎炎夏日，暑气逼人。家中的小孩们热得不行，央求奶奶给我们做绿豆汤喝。没想到奶奶早早准备好了汤汁放在冰箱里凉着，等着我们开口要。奶奶随手拧开吊扇的开关，用热水给我们洗把脸。脸上的热气消散了后，留下的便是比空调还舒服的凉气。手中捧着绿豆汤，听着奶奶讲故事，时不时拽一把狗儿的尾巴，给我们乐一乐。喝完以后还是热，奶奶就把我们带到后院，用井水给我们泡脚。惊奇的叫声引来了乘凉的猫，便玩性大起，打起了水仗。金莹剔透的水珠在阳光下格外闪亮，透出七彩的光。我们几个缺了牙的小孩子，玩得不亦乐乎。

秋

秋收时节，硕果累累。奶奶家后院的枣树结果了。棕色的枝干十分粗壮，墨绿的树叶中藏着颗颗红枣，就像一个个红灯笼，等着我们去摘。哥哥飞快地爬上树，往下边扔枣子。一时间找不到什么接受枣子的工具，便随手扯过晾晒在竹竿上的床单，几个人各抓住床单的一角在底下接着，别提多有趣了。接完了以后，偷偷用衣服擦一擦就吃，又脆又甜。而后才去洗了分给大人们吃，得到了表扬后比吃枣子都高兴。周围的枫叶飘飘扬扬，在四边铺上了一层厚厚的红绒毯，踩在上面听叶子嘎嘎的声音，很是有趣。

冬

冬天虽然寒冷，但也少不了家中的乐趣。后院早早生起了炉子，猫儿灵敏，趴在炉子边打盹。奶奶小心赶走猫儿，便动手为我们烧肉饼吃。一时间满院子充满肉饼的香气，几个嘴馋的忍不住，便在奶奶转身时偷偷抓一块来吃。没想到刚出锅的肉饼烫，一个不小心掉在地上，身后的狗儿鼻子尖，一下子扑过来抢了就跑，偷肉饼的和狗就那样大眼瞪小眼儿，惹得我们哈哈大笑。院外小雪飘飘，院内其乐融融。

我爱我家，回味无穷。

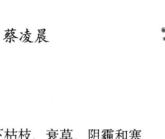

校园的风景

蔡凌晨

　　冬日的校园里不再生机勃勃，几乎只剩下枯枝、衰草、阴霾和寒风。我的心如同这冬日里的景色一样凄凉。

　　走出教室，我浑身直打战，怀揣着考试失手后的悲伤以及对同学嘲笑的愤懑不平，独自在校园里解闷。

　　在秋日里穿着"黄金甲"的银杏树已裸露着躯体，孤独的枝干在风中摇摆不定，让人感觉它随时会离开这个世界。走近它，用手轻轻地抚摸着树，它的树皮特别粗糙，已经失去了往日的光鲜亮丽。

　　我的眼角有些湿润，感觉这银杏树多么像自己啊！曾经的辉煌早就不复存在，如今只能躲在一隅寻求安慰。

　　不忍心再看下去，继续往前走，忽然眼前出现了不合群的一丛淡绿——一棵不知名的灌木正在风中努力生长，它的叶片闪耀着独特的光芒，叶上的茎如同河水流淌在大地上，滋润着每个生命。尽管风吹乱了它的枝干，使它们缠绕在一起，但它们始终是向上，向上，再向上！这寒风阻挡不了它成长的脚步。

　　在冬天还有绿色点缀着大地，我何尝不能在这失利之时继续努力呢？我擦干了泪，微笑着走回教室。

　　受到那灌木的启发，我不断地努力着，奋斗着。

又是一年芳草绿，校园恢复了往日的生机。远远望去，绿的、红的、黄的、粉的……花朵在向朝阳笑，青草在点头。

在这春日里，我再一次向大家证明了自己。我得到了老师的表扬，赢来了同学们佩服的目光。

来到曾经给我启迪的灌木前，我发现它是那么不起眼。与花们相比，它没有花艳丽；与银杏相比，它没有银杏挺拔；与竹子相比，它没有竹子青翠……在这万木争春的校园里，它选择了默默无闻。

它又一次启迪了我。我的心没有像校园里大部分景物一样激情澎湃，而是像那灌木一样平静。

我看着这株小小的灌木，明白了应当如何去做好自己！

那一刻，阳光灿烂

张　灿

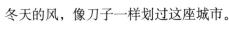

冬天的风，像刀子一样划过这座城市。

"求你了，护士长，能不能再加一个号。"我听见你的声音哽住了，喉咙明显像是被什么堵住了。我甚至可以感受到，你颤抖的呼吸。来北京的第四天，这是我第多少遍听到这句话了，我都记不清楚了。

我看到你那棱角分明女强人的脸庞，此刻有一颗晶莹的泪滴滑落，这是我第一次看见你哭，我吓坏了。

你是真哭了，哭得像个孩子一样无助。抽噎使肩膀一耸一耸的，完全停不下来，似乎要把这么多年坚强背后的委屈都释放出来。我一直以为你是一个女强人，一直以为你并不宽的肩，可以把什么都扛下；一直以为你从来都不会哭，一直以为你可以能干到当爸爸，直到现在我才发现，你没有所说的那么坚强。

我手忙脚乱地去翻餐巾纸，你却又起身向服务台走去。

"能不能……"我扯扯你的袖子，想让你别问了，护士却打断了你的话："我说你这个人怎么这样？没有看到我们正忙着吗？我再说一遍没有号了。"

"你凭什么这样对我？你以为你是谁？"我再也压不住心中的怒火，"你凭什么对我妈大吵大吼。"

"别闹。"你轻轻地说叫我安静，而此刻泪却还是如泉涌，"对不起，对不起，我孩子生病了，病得挺重，我太急了。"我看见你卑躬屈膝地向她道歉，像个犯错的孩子般唯唯诺诺，这完全不像你呀！我怎么也不敢相信眼前的你，是那个尊严了一辈子的女强人。不，这不是你。

我看见你的神态，像刀绞一般心疼，心疼你。

"走吧。"你轻轻地吐出两个字，我再也忍不住了，上去紧紧抱着你："妈，你要委屈，就别窝在心里，哭出来吧。"我轻拍着你的背，像哄孩子一样，却做得笨手笨脚。

"你看我，哪不对劲儿了，不就头疼嘛，说不定是在长脑细胞呢！你瞧我是不是活蹦乱跳的。"

扑哧一声，你破涕为笑，你满眼是溺爱。

你笑了，笑得那么灿烂，你可知道你便是我的太阳，我的世界。

我们笑的那一刻，整个世界阳光灿烂。

有一种美丽，叫宽容

黄 芳

爽飒的风，迎面扑来，一片枯黄的叶子，从树上颤颤悠悠地盘旋而下，秋，它来了……

"砰"又是这一声熟悉的沉闷的关门声，连我自己也被吓了一跳，也不知怎么的，最近好烦。或许是秋天来了，一片片落叶，勾起了我的千思万想，寒心愁肠吧！又或许是堆积如山的作业，实在是令我心烦了吧，或许还是妈妈的唠叨使我厌倦了吧……

"女儿快把这杯牛奶喝了吧？"

耳边又响起了那个熟悉的声音，熟悉得让我厌倦。我并没有抬起头，手还是在作业本上不停地挥动着，只是淡淡地说了句："哦，放在那吧，我等会儿再喝。"我瞥了一眼那杯牛奶，白色的，浓浓的，稠稠的！我皱起眉头，继续低头苦干起来。

"快喝了吧？放松一下眼睛，待会儿凉了，就不好喝了！"

又是那个声音。我狠狠地摔下了手中的笔，拿起了那杯牛奶猛地一抬头，把它往嘴里灌。"慢点儿喝！"我完全不顾她，大口大口地喝起来，当最后一滴牛奶滑入我口中，我立马把杯子塞入妈妈的手里。我嘴里便开始催促着："好了，好了，快点儿出去吧，我在写作业呢！不要来打扰我了。"

她慢慢地转身，轻轻地退了出去，又轻轻地关上了房门……

房间安静了，只留下那沙沙的声音，笔尖触着纸张发出的声音。

门又响了，她又来了，耳边又响起了她的唠叨"喝杯水吧！"

我没有理会她。

"头抬高一点儿，背直起来，戴着眼镜呢，头还埋那么低……"

我不耐烦地抢过她手中的水杯，咕嘟几下，便全喝光了。

"你要好好读书找一份好工作，才能赚更多的钱……"

唠叨又开始了，我几乎天天都要听到三四遍，真烦！

"砰"我生气地将杯子摔在地上对她吼了："学习，学习，天天要我学习，你为什么不好好学习？现在拼了命的还要我好好学？"

她没有说什么，弯下腰，用手轻轻地将一块块玻璃拾起，最后，默不作声地走出了房间。

寂静……

我躺在床上，不理会房内堆积如山的作业，心里流过一丝歉疚，我轻轻地又走出了房门。

厨房内妈妈正在准备晚餐，我轻轻地跑过去，抱住了她说："妈，对不起，我错了。"妈妈抚摸着我的头："好孩子，只要你好好学习，要妈做什么都行。"

我将头轻轻地靠在妈妈的肩上，妈妈的头发虽然染过了颜色，但岁月的痕迹还是能将它变得苍老。

是的，她变老了，她也变得宽容了，她变了。

有一种美丽，叫宽容。有一种爱，叫母爱。

生活的浪花

张 婧

"哦,许愿灯飞咯!""快许愿,还愣着干吗?"同学催促到,我把双手合在胸前,向着许愿灯飞起的那边,默默地许下愿望。烛光在夜晚格外明亮,我仰着头,沐浴着烛光,看着它洒在脸上,金灿灿的,灯下的我激动而幸福。

"这么晚了,到哪去了?"妈妈一开口就像重庆的火锅,又辣又呛。"我——"我支吾着,一时间竟然没有找到合适的接口。"这么大的丫头了,整天就知道玩……"完了,老妈又要开始教训我了,这次得教育几个小时?我得想个法子阻止进攻。说什么呢?算了吧,让老妈发泄一下吧,她生病后心情一直都不好。

我低头认错,木讷地站着。可谁知老妈越来越火,骂的也有些刺耳了。"我怎么会生出你这种不懂事的东西啊?我上辈子造了什么孽啊……"一开始,我装作充耳不闻,可骂声却一阵阵刺入我的耳膜。我告诉自己要忍耐,却越来越气恼。

"你……我算是知道你了。"我气得连一句话都说不完整。"我怎么了?"妈妈气势汹汹地逼问。"你知道我为什么回来这么晚么?我看你天天因为腿疼,心情又不好才去放许愿灯……不!"我像发泄一般地向她吼过一番,突然捂住了自己的耳朵。朋友说过许的愿望不能让别人知道，否则就不灵了。

天啊，我怎么会把这些说出来？我疯了吗？我既然那么希望你好，我什么连你几句发牢骚的话都听不下去？我懊悔地揪着头发，扇着自己巴掌，我多希望如果我把自己打得遍体鳞伤，妈妈就不会听到我刚才的话了呀！

一种古怪的神情闪过妈妈的眉宇，她皱皱眉头，欲言又止，转身回到自己的房间。

家里安静极了，什么都听不到，只有我的哭泣声，夜已经深了。

我努力地蹲在墙角，给自己一点儿安全感，却因为空而心慌。

我找到了一本很旧的相册，打开灯，满当当的全都是我的照片，每张照片上都记着时间、地点。

"宝宝一百天了，很可爱。"

"宝宝一岁生日，在肯德基。"

"宝宝第一次参加讲故事比赛，三岁，在幼儿园。"

……

051

一点点地翻过，发现我的成长足迹，在一点点地很清晰地被妈妈保存着，一步不曾落下过什么。照片中有她的身影陪伴在我的身旁，每一张我都笑得很灿烂。

我哭了，不怕黑了。我感到有她在，很安全。

哭着哭着便累了。不知不觉中，我蜷缩在角落里，睡着了。迷迷糊糊中有人抱起我。

第二天的阳光透过了我薄薄的眼皮，只觉得眼前一片粉红。睁开眼，发现我睡在妈妈的床上，背后一双手紧紧地搂着我，她还在睡……

那是一种温暖，名叫母爱。

一碗百合汤

张梓童

厨房里，又是氤氲一片，几个"大家伙"同时工作着：电炊壶里正烧着水，吐泡泡一样地拼命地喷着白气；煤气灶上的火开着，锅上盖着锅盖，也不知道是焖的什么菜；连几年前买回来的煲汤锅也被翻了出来，高高大大地立在那儿，已经插上了电在工作。

妈妈就在这满是热气的厨房里忙活着，时不时还要伸出头来看看做作业的我们有没有分心，真是手忙脚乱。

"来，先把百合汤给喝了。"两碗百合汤端了上来。汤的表面漂着一颗颗的白色百合，已经被熬烂了。虽然看上去不错，可我和妹妹却都有点儿忌惮。把鼻子凑近，闻一闻，丝丝苦味漫了上来，妈妈，你是不是没加糖啊！艰难地舀起一勺，慢吞吞地送入嘴中，还没吞下那百合，碰了点儿汤便觉得极苦，我们不肯再吃，妈妈怎么哄也不听。

把碗端进厨房，本是想悄悄地将汤倒进池子里，却不想妈妈已经在做晚饭了。厨房里很热，我穿着短袖中裤，也觉得额头冒汗。好热啊！这么多锅子一起烧，该放出多少热量啊！这厨房间不说电风扇了，连把扇子都没有。再看看妈妈，穿着长裤，又围了一个围裙，眼镜片上都有了雾气，额角渗出的汗液，滑向两颊，鼻尖上的汗珠已摇摇欲坠，衣服早已有湿印一片。

水池里的蔬菜，只来得及洗了一半，那边的锅里，菜已经在炒着了，翻炒一遍过后，又忙着冲开水，在倒入冷水杯中，送上楼给我们写作业的时候喝。菜刚刚洗完，便又去冰箱里拿出每日必需的水果，替我们剥好削好，放入碟子里。

锅已经噼里啪啦炸开了，于是又忙着炒另一样菜。

妈妈如此辛苦忙碌，却还要给我们煲百合汤，如若我们再不喝，那多辜负了妈妈的心意啊！

看着妈妈，我拿起勺子，大口大口地吃起来。百合有些苦味，可是汤汁却是甜的。

原来，妈妈在里面，加了糖。

爱，有时很简单

焦玺源

今天随妈妈一起去商场，因为担心人多，于是妈妈便推出了电瓶车。重新跨上久违的车座，环上妈妈的腰身，我的思绪却飘到了很远很远……

回乡的电瓶车

以前家中并没有汽车，所以妈妈便骑着电瓶车带我回乡下。清风携着阳光掠过我的脸颊，将我半长不短的头发吹得飞扬起来。恍惚间，我好像成了动画片中的长发公主。我开心地甩着头发，却引起了妈妈的不满："你再甩，从车上掉下来我可不管你！"但车速却比之前慢了不少，身体往后稍微挪了挪，防止我摔下去。

车速慢了，头发也飞不起来了。我恹恹地趴在妈妈的肩上看着路边的花和树，透过寥寥几棵树便能看到乡村独有的房子。我兴致盎然地盯着：有一户的女主人正将碗里的食料撒给鸡吃；有一户的一个男孩儿正席地坐在狗的旁边，他的手搭在狗的身上，似乎在说着什么；还有一对小孩儿正趴在长凳拼成的"桌上"写着什么，一位女人走了出来，怀里正兜着几只苹果，她走到院里，将苹果分给孩子们。她似乎在笑，又似乎在说着什么。

我忽然偷偷笑了，将脸埋在妈妈的背上。

雨天的电瓶车

雨忽然大了，淅淅沥沥的，敲在窗上，声音清脆。妈妈从地下室里推出电瓶车，将雨披披上。我笨拙地跨上了后车座，妈妈却将我抱下，我疑惑地望向妈妈，妈妈微笑着："你坐在后面的话，雨容易淋到，你就坐在前车座吧——就是我前面，车头后面。"我心头微暖，顺从地躲了进去。车子开动了，我从雨披底下看问路面。或许是雨天的缘故，原本粗糙的路面光滑得像缀着花纹的丝绸。我不禁胡思乱想起来，这电瓶车就像一匹骏马，而我和妈妈就是坐在马上的骑手。我们坐在上面，驾驭者马儿飞驰着……

忽而起来的一阵颠簸打断了我的想象，直到现在，我才惊觉我的腿已经发麻。妈妈似乎察觉到了我的不适，微微将我的小身子往后提了提。妈妈温暖的体温顿时自我的后背蔓延至全身，驱散了我身上的寒意。而外头的光透过妈妈的紫色雨衣渗进来，使里面笼上一层葡萄果汁般的紫色。

光怪陆离，却又无比真实。

菜场的电瓶车

菜场上的人永远都是那么多。我随着妈妈和她的电瓶车驶进了菜场。头上的烈日，行色匆匆的人们，略有些难闻的空气，努力叫卖着的小贩，让我感到不适，但看到水灵动人的蔬菜又让我兴奋不已。妈妈来到一个水果铺，询问起了价格。我正看得入神，手边却传来了一阵冰凉舒适的触感——原来是妈妈从水果铺子上拿了一个枣子给我吃呢！我急忙将枣子塞进嘴里嚼起来。顿时，一股独属于水果的清香在我的舌尖蔓延开来。

"好吃吗？"我怔了怔，面前是妈妈殷切的笑容。"好吃！"我勾起唇角，回以妈妈一个大大的笑脸。

往事飞逝，那些我与妈妈及电瓶车的点点滴滴依次从我的脑海中掠过。我从回忆中抽出身，再次审视面前的一切：电瓶车不再像以往那般簇新，妈妈的腰身不再比往昔的纤细，但有些东西一直没变，它随着岁月一起流淌，如同酿着的美酒，经历时光的淬炼而变得愈加香醇！

"女儿，到啦！"

我回过神，笑着答应，向着商场跑去。今天的阳光浓稠如蜂蜜，静静地在空气中流淌，让人沉醉着。

有时，爱便是如此简单。

爱，有时候很简单

周雨贤

"咔嚓、咔嚓、咔嚓……"

"妈妈你烦不烦那，知不知道你嗑瓜子的声音很大，已影响到我写作业了！"我简直不能再忍。

妈妈极爱嗑瓜子，每天晚上散步后总要抓那么一把，让嘴不闲下来，一粒粒地嗑，一脸享受，快活似神仙。每每这时在一旁写作业的我本就为作业繁重而苦恼，再加上"咔嚓、咔嚓"的伴奏，心里就更烦躁了。我曾与爸爸商量劝导过妈妈，她也只是一脸无辜地看着我们，然后默不作声地将瓜子拿到房间里嗑。

这一次，我再也忍不住了，满面怒火地冲向妈妈，像大人批评小孩那样指责她，把我看到了吃瓜子过量的种种危害全告诉了她，她没有反驳，只是沉默。后来冷静以后想想，感到这样说妈妈有些过火，心里有些愧疚，但也不知如何开口向妈妈道歉，便没有再与妈妈提过此事，唉！以后就忍忍吧！

不知不觉过了几年，一次我写作业时无意中瞥见了别人送来的一大包瓜子，大概已经过了几天了，却原封不动。好奇心牵引我走近妈妈："妈妈，别人送来的瓜子你怎么不吃啊？"妈妈自然地笑了笑："哦，现在不喜欢了。"我信以为真，便也没有追问为什么。

后来在一次宴席上，别人准备了瓜子来消遣等待的时间，分给妈妈一些，她并没有拒绝，还嗑得津津有味，我的眉头不自觉皱了起来："妈妈怎么回事，明说不喜欢，还嗑？"正打算向一旁的爸爸问个清楚，话刚到嘴边，又咽了下去，难道妈妈是骗我的？回家后，我背地里求证爸爸，爸爸一脸惊讶："妈妈一直喜欢嗑瓜子的呀！"

夜里，我安静地写作业，却头一次觉得少了些什么，家里静得可怕，好像隐约听见"咔嚓、咔嚓"的声音，缺的正是这个。

回忆过往，这几年妈妈为了不打扰我学习，她忍痛割爱，并一天天坚持着，我的眼睛湿润了。

世界上的物也好，人也罢，都会在时间的消磨下变化，唯有爱，是天地间最简单，最永恒的。

拐　　杖

卢之焕

树的成长是困难的。在从小树苗生长成大树这漫长的时间里，风吹雨淋，是不可避免的。小树的根系没有深扎，身板没有硬朗，这时候，总会有几根木桩众星捧月般支撑着它，使其能够顶风冒雨，苗壮成长。

在我小的时候，母亲带我去吃肯德基。点餐的时候，常常是在柜台前露出半个脑袋的我充当母亲的"司令官"，先说出想吃的，再由她传达给营业员。但是看着母亲一次次用日常语言自然地与营业员交流，我有些跃跃欲试了。来到柜台前，我急急忙忙说出自己想吃的东西，却得不到服务员"回应"。

"阿姨，一份薯条，一份鸡翅……"我又说了一次。

"请问想要点儿什么，女士？"她的视线越过了我，直视母亲。

我提高声音重复了一遍，可仍无济于事。失望之下，我只好径直走向座位处，寻找一处闷头坐下。等拿到食物后，我和母亲开始大快朵颐。一包薯片还未见底，番茄酱却已空空如也。母亲正欲起身，我抓住这次机会，想再去试试，便劝妈妈："妈妈，我来吧。"

妈妈显得有些迟疑，眉头皱了一下，"要我帮你叫服务员吗？"

"不用，妈妈，我自己能行！"我肯定地回答道。

"记得要叫阿姨！"她嘱咐道，又加上一句："别忘了说谢谢！"

我耐心地排队，可是一个人站在队伍里却有些紧张，心中不断地重复着："阿姨，请给我拿一包番茄酱""阿姨，请给我拿一包番茄酱"……

看着柜台里忙碌的服务员阿姨好高，我正想打退堂鼓，却轮到我了。

我把手扒在柜台上，小心翼翼地踮起脚尖，"阿……阿姨，我……我要一包番茄酱。"结结巴巴地把这句话挤出口，只见她利索地把那小包递到了我手上。

如释重负的我连谢谢都忘了，只是"快马加鞭"径直跑到座位旁，重重地坐了下来。我终于能独立完成了一次买东西的任务。

小树挺立在风雨中，慢慢会脱离木桩的，相信终有一天它会成长为参天大树！

夏日即景

周露露

真正美丽的地方是不会被烈日所灼伤的，青海，正是如此。

山

青海的山似绵延的，它不如西藏的高耸，也不如广西的林立，它只是青藏高原中最平凡最普通的。跳动的阳光洒于山间，植物绿得发亮。山的尽头淡淡消失于淡云薄雾之中，成了天幕上嵌着的翡翠，耀眼夺目，令人赞叹大自然的鬼斧神工。牦牛、绵羊在山坡上悠闲享受，过往的嘈杂也无法影响它们安逸的生活。

这，是夏日独有的宁静——纯粹，不需要任何点缀。

水

灰白隐有忧郁，青绿渲染生机，深蓝使人豁达。一日三次变装，即使顶着炎热，青海湖也不觉烦躁，她尽情展现自己的美色。洁白的水鸟也被其吸引，有时飞掠湖面，寻觅食物；有时独立岸边，凝神眺望。涟漪荡漾，是她灿烂的笑容。作为中国西北独一无二的明珠，她肆意展现自己的华丽，热情迎接天下的宾朋。

这，是夏日独有的自信——美丽，不需任何装饰。

人

青海也是少数民族集中的宝地，献哈达的藏族群众，戴白帽的回族群众……不同民族特色一览无余。但我最敬佩的，是那些深居简出的牧民，山谷间简陋的房子是他们的家，明明可以享尽富贵，却留在山中早出晚归，我们眼里的不解，却是他们心中的最爱。他们在夏季随着成群的牛羊，游走于蓝天白云之下，山涧草丛之中，成了一道别样的风景。

这，是夏日独有的悠闲——生活，不需任何添加。

青海夏日里的宁静、自信、悠闲，实在令人向往！

060

夜 雨 敲 窗

石长峰

夜里，乍然梦醒，雨脚如麻。浅绿的格子窗帘透出微亮，而不见其微绿。房间里似开天之前一般昏暗。

下雨了。雨势来得似乎极猛，各处难以名状的声音汇聚于耳，唯一阵哗然而已。没有起床观雨的雅兴，便欲入睡。可是，雨似有些不舍，匆匆地敲打，缓缓地低落。于是，我便躺在床上静静地听雨。

首先入耳的是雨滴敲击铁栏杆的声音，清脆而明朗。大大小小的雨点有无数的落点，但它选择了这里。坠落，碰撞，绽开，爆裂，只小小的一瞬，雨点化作了无数的水珠，有的慢慢融入干燥的土壤，与植物一起体验拔节的舒畅；有些选择在栏杆上稍做歇息，等待黎明悠悠来临；不过，下落也是一个不错的选择。

　　花盆里，一场革命正在悄悄进行。植物茎干部位的芽儿枕戈待旦，蓄势待发，一旦接收到雨的号角，它们便抖擞精神，建筑师一般，把从根茎处吸收的养料转化成小小的绿色砖头，一块块地给砌上，再不断地加固，然后向外拓展、延伸……第二天的枝头，必然会呈现它们的杰作。此刻，人人皆为哲学家，在不经意间悟出宇宙的微妙真理。

　　"车辆到站，请注意安全，通往……"熟悉的公交车在雨中，在梦幻般的大街上，按部就班地前行，空荡的车里，或者，会有那么一个寂寞的小男孩儿，在布满水汽的窗上一笔一画地勾勒出一张笑脸；又或许，一个加班才归的年轻人正倚着座椅养神……我似乎感受到城市微弱的呼吸声……

　　雨声入梦，嘀嗒之声不绝……

啊，原来如此

陆彦宏

　　一个星期日，我在家中睡懒觉睡得正熟，忽然一阵敲门声，让我从睡梦中惊醒。

我有些恼火，但还是去开门了。门外是一位中年妇女，手中拎着一大袋的牙刷，黑黝黝的脸上布满了清晰可见的皱纹，或许因为热，还有豆大的汗珠从脸上滑落，浑身上下的衣服也被汗浸湿了，身上浓重的汗味扑鼻而来，让我忍不住往后退了几步，皱紧眉头。她用手胡乱地抹了一把汗，顾不上将手擦干净，便急忙从袋中取出两把牙刷，跟我说："小朋友，你好，现在这个品牌牙刷大促销，五元两把，买四送一……"原来是一个推销员，以往推销员不都是年轻人吗？我边纳闷边上下细细地打量她：她穿着一身洗得发白的衣服，皱皱巴巴，补丁随处可见，小的破洞干脆不补了，长而蓬乱的头发随意地绑在脑后，或许因为跑了许多户人家，那头发丝有些贴在脸上，有些粘在脖子上。从她这身行装，我想她应该是失业，迫不得已才来搞促销，可从她那满满一大袋牙刷便知道显然也不会推销东西。想到这儿，内心对她偏见又重了几分。为了打发她快走，我果断地掏出了一张二十元的纸币递给她，买了五把牙刷，她把牙刷给了我，接过钱，可没有放入腰包中，她挠着头说："不好意思，你有没有十元，我没有零钱。"我不耐烦地挥了挥手说："你不用找了。"说着便把门"砰"的一声关了起来，没再给她任何说话的机会人，爬上床，进入甜甜的梦乡。

"咚咚咚"又是一阵敲门声把我吵醒了，内心顿时火冒三丈，当打开门发现还是那位中年妇女时，我内心的愤怒一下子升到了极点。只时这次不同，她包中的推销品变成了牙膏。我以为她又是来推销的，便忍不住说道："你有完没完？"她不明所以地望着我，"你还要我再买你的牙膏啊？"我冷冷地问道，指着她鼻尖骂道："你别烦我了好不？我看你可怜已经买了你的牙刷，你又来推销牙膏，你怎么会这样？谁会买你的产品啊？牙膏牙刷哪家缺呀？"那位中年妇女愣住了，脸色苍白，往我手中塞了一个东西，便转身跑了。

我怔怔地望着她远去的背影，缓缓地摊开手心，那是一张被汗水浸湿的十元钱。

啊，原来如此！

夏日即景

孙　毅

毒辣的太阳高挂在空中，烘烤着大地，树叶都无精打采地垂着，惹得蝉儿大声抱怨着没有阴凉的炎热。

这是一个夏日的中午。我觉得水分正在一点一点地从我的身体中逃离，豆大的汗珠从我的额头上滚落。我一边抱怨着这该死的天气，一边急急忙忙地躲到了一片树荫下。

这一点儿阴凉让我舒服了许多，也精神了许多。我就地坐下，打量着四周。这时，我发现了他，他坐在一张小椅子上，头顶撑着一把遮阳伞，一排盆栽整整齐齐地摆在他的面前。虽说有一把伞为他遮阳，可他却把大部分的阴凉留给了那些盆栽。它神态安详，细心地料理着那些盆栽。他给它们不时地洒一些水，让它们凉快些，可他自己却仿佛忽略了天气的炎热。他很平静，一点儿也不焦虑于自己的盆栽是否卖得出去。我觉得这个人与众不同，想过去近距离接触一下；他面前的那些盆栽长势旺盛，更决定买一盆回去。于是，我便走到了他的摊前。

"你好，老板！"

"嗯？"他抬起头来，放下手中的喷壶。

"请问您的盆栽怎么卖？"

他看了看我："你要什么样的？"

我看了看那些盆栽，指着其中一盆绿色的小植物："我想要这一盆。"

他端起这盆植物，轻轻地抚弄正它的叶子："我想问你一个问题。"

我略微一愣："嗯？""可以啊。"我有点儿惊讶。

"你家里有没有地方放置它呢？它不可以放在拥挤的地方，它需要一个开阔的生长空间。"

我感到十分奇怪：他怎么还管这些呢？可我依然回答了他的问题："有，当然有地方。"

"那就好，"他笑了一下，"你可以买下它了。"

付过钱，我好奇地问他："老板，您为什么要问我这些？"

他看着我，又看了看那盆植物："我要对这些植物负责，这也是对生命的尊重。"

敬佩之心油然而生，我后退一步，朝他深深一鞠躬，转身向家走去。

我边走，边回味着他刚才说的那句话——

是啊，我们做事需要负责，对待生命需要尊重。

遇　见

戴宇玮

　　婆婆家的楼下，有一位修自行车的老师傅，在繁华的十字路口旁。

　　老师傅来到路口的拐角已经很久了，他的对面，各式服装店年年岁岁，来了又去。在他的左手不远处，一顶顶小棚子，蘑菇一般在小巷一旁生长出来，在食物下锅的"刺啦"声中，在各色食客满足的饱嗝声中，喧嚣，沸腾。右手两三步，是车水马龙的主街，社会上的小青年故意去掉汽车消声器，任咆哮声响彻小城的上空。但这一切似乎与他全无相干。夜幕降临，老师傅不紧不慢地收拾起家什，背向霓虹灯，消失在小巷深处。

　　说实话，要不是一次去修车，我也不会注意到他，他常和他那装满工具的铁盒子融为一体。有时是戴着酒瓶底般的眼镜看手机，有时便是穿着满是油腻的粗布衣服在躺椅上酣睡。我认为他的手艺是极好的。看着他娴熟的换轮胎，调试刹车，给链条上油，不禁油然生出敬佩之感，把一门手艺做到炉火纯青，识车之病灶，如了人之好恶，这大概是师傅的工匠精神吧。

　　一日，竟见到老师傅在与人下棋，不禁蠢蠢欲动，遂兴致勃勃在一旁观战。双方实力相当，厮杀至残局，仍不分高下，眼见对手如狂风暴雨般发起一轮轮进攻，甚至不惜代价与老师傅"兑子"，力求全盘压上，速战速决。反观老师傅，如垂钓之子牙，不慌不忙调兵遣将，运筹帷幄之中，决胜千里之外，渐渐地蚕食着对方的战斗力。胜利的天平倾斜，在将各员猛将逐个击破后，他方才大举进攻，跨过楚河汉界，前后夹击，使敌方首尾不能兼顾，无可奈何之下，遂定城下之盟。

看着我跃跃欲试的样子，老师傅示意我也和他厮杀一番，虽然于此道我极是喜爱，奈何面对如此高手，在最初的三板斧过后，每一步棋，我都瞻前顾后，冥思苦想，生怕在他表面的云淡风轻之下，处处都有暗潮涌动。老师傅并不催促，他总是待我落子以后再细细帮我分析，如何用最合适的走法来保证城池不失，再如何利用子与子的协同作战，置敌方于死地。在他的指导下，我只觉棋艺大进，不觉生出"胜读十年书"之感。

这时，我才第一次真正遇见他。

老家记忆

于一成

老家的一切总是让我深深地怀念。

老家的田埂上遍布着郁郁葱葱的小草，在落日的金辉中，在轻柔的晚风中，静静地摇摆。它们沉浸在这片宁静之中，丝毫没有意识到一个同样安静的孩子，同它们坐在一起，享受落日之时的金黄。这是我对老家最美好的印象。

现在，我生活在城市之中，面对的是高楼大厦和匆忙的人们，沐浴的是街上路灯的昏黄和家中白炽灯光的清冷。老家的那种宁静，这些匆忙的人们早已忘却，或者说这个城市早已忘却，而夕阳的金辉，这些人们也早就感受不到了。我虽生活在这城市之中，可我永远不会忘却老家那充满生机的田埂，那清凉的晚风和那火红的夕阳。

前不久，一个消息传来：老家重新改造了。我急忙抽出时间，在一个宁静的午后，赶回了老家。

天湛蓝湛蓝的，太阳像从前一样高高地挂在这蓝色的幕布上，像一只明亮的眼，望着这不断改头换面的大地。老家的田埂不复存在，有的只是断垣残壁。一座座房屋倒下，留下一地的砖块与粉末，将那片记录了我童年全部感情的土地掩埋在下面，只有一堆堆砖头，隆起在大地之上，像一块块碑，纪念着这片土地曾经的美好。

067

我默默地走在这废墟之上，在一个记忆中大概的位置停了下来。几年前，在这个地方，曾经有一个孩子，和几颗小草，沐浴在夕阳的余晖中，享受着美景和宁静。现在，这个孩子回来了，曾经的美景却消失了。我失落至极，无言地望着脚下。突然，一丝绿色映入我的眼帘：是一株草，生长在砖块之下。我默默地搬走砖块，将四周清扫干净。我缓缓坐下，坐在它的身旁，望着眼前这面目全非的土地，我心中很凄凉。但，我看了看身旁的小草，仿佛回到了幼时的那一段时光，老家黝黑的土地上，一个孩子与一株草，在夕阳下，静静地思考。

我站了起来，我并没有失去老家的什么，我脚下有老家的土地，我头顶有老家的太阳，我身旁有老家的小草，我沐浴着老家的轻风，更重要的是，我还拥有老家美好的记忆。虽然这土地上的景物终会变样，但对老家美好的记忆永存。

变

周玉语

因为生活的忙碌，居住在城里的父亲很少有机会能回到他所留恋的那个地方。

去年元旦，父亲说带我和妈妈去乡下，我不以为然："那有什么好玩的？"父亲笑得合不拢嘴："赶集呀！可热闹了！"他二话不说，将我和妈妈拉上车，一路上絮絮叨叨地讲述他小时候在集市上的趣事，开车也不专心，几个急刹车害得我与妈妈前仰后翻。

本以为当地的赶集不会如父亲形容的那般有多热闹，可目睹之后才心服口服。路边、桥上、店前……支起了一家挨着一家的小摊，宽阔的水泥路上，人们拎着所买的东西见缝插针的移动。我们挤到桥上眺望，只见多如牛毛的脑袋。我当时第一次见到如此热闹的场面，拉着父亲也挤进人群中，原来父亲描述的都是真的！父亲刚才话还挺多，现在却一言不发，只打量四周，乐呵呵地傻笑。

后来，听说这儿的房子都拆迁了。拆迁后父亲满怀心事地又带着我们故地重游。眼前只剩下一堆又一堆如小山似的乱石堆，"山"的那边是一片片绿中带黄的田地，天阴沉着，显得无比荒芜。父亲站在"山"顶上，眺望远方，一动不动，宛若雕塑，仿佛在沉思。

不知为何，父亲对他儿时的事情记得如此清晰，仿佛历历在目，而我却将幼年的事忘得一干二净。每当我挑食时，他总是说我身在福中不知福，他小时候只有酱油汤、芋头吃。可我看他说话时并不是一脸责备，而是充满对过去生活的怀念，这种神情是只有在他谈起过往时才会浮现的。

前几日，他将老家的照片展示给我看，只见上面是一条干涸的小河，原来他在工作之余路过故地，用手机记录回忆。河已不再是童年的那条，时间于无形中改变了一切。其中还有一张父亲的自拍，他站在一所学校的大门前红光满面，他紧盯照片，嘴角不住上扬，喋喋不休道："这是我的小学……"

水流在时间蒸发下会散失，生命于岁月磨砺中会渐失。或许，只有对故土的那份怀念在白驹过隙中才会越发浓郁，成为永恒。

留　　香

陆飞燕

大街上，飘来一股清香，淡淡的，暖暖的，回眸，那股香气来自一名女子，像极了童年记忆中的那抹身影。

四年前的一天，我和父母上街，在人山人海的街道上，我被拥挤的人群冲散了。小小的我站在人群之中，被挤来挤去，因为个子小只能看到许多匆忙的脚，因为人挤人空气十分闷热，我就像被关在一个密闭的蒸笼里，喘不上气来，我惊慌无助地呼唤着父母的名字，可没有一个人停下来，没有一个人注意到我，我的泪水渐渐盛出了眼眶，而后顺着我的脸颊流下，越来越多，从"涓涓细流"渐渐变成了"汹涌的江河"，可就是我哭哑了嗓子，顶多也就换来了极个别路人些许怜悯的目光。

就在我哭得上气不接下气的时候，我问到了一股清香，淡淡的，不像牡丹花的浓密，不像野花的清香，有点儿像茉莉花的淡雅，虽淡却给人一种轻柔温暖的感觉，我的心随着那香渐渐平静了下来。她将我轻轻抱了起来，她就像一把钥匙，帮我打开了那个"封闭的蒸笼"，让我终于呼吸到了一口新鲜的空气，我止住了哭泣。她掏出手机，柔声问我："小朋友，你知道你父母的电话号码吗？姐姐帮你联系爸爸妈妈，好不好？"我听了这句话，刚刚止住的伤心再次涌上心头，我又哭了，因为我根本不知道父母的电话号码，我边哭边冲她摇了摇头，她明白后，抚慰我说："没关系，没关系，我帮你一起找爸爸妈妈好不好，快别哭了。"她为了让我开心，还特地跑去对面买了棉花糖给我吃，甜甜的棉花糖入口即化，丝丝软软，我轻轻靠在她的怀里，或许是刚刚哭累了，一会儿我就睡着了，醒来时发现我已经回到了父母的身边，她已经离开了，但她那股独有的清香却始终萦绕在我呼吸的空气中，没有消失。

时隔多年，她的面容已经渐渐淡忘，但那股好似茉莉花的香气却一直留存在记忆深处，每每想起来，都是一片温暖。

遇　见

窦佳仪

那一抹身影，虽看起来纤细仿佛一阵清风就能将它连根拔起，但是却孕育着意想不到的力量。

什么是生命？我对此的理解仅仅只认为它是一个代名词，它只不过是象征着一切的物种，在灾难面前永远渺小脆弱，但是在那一次发现之后，我才恍然大悟，"生命"远远不止是一个代名词，也并不脆弱。

那日清晨，我走出家门，散步在家门前的石头路上，那条小路背对太阳，十分阴凉，上面铺满了石头，一块接着一块，我漫步在上面，灰灰的石头路映衬着未亮的天空，感觉世界都是灰色的。突然，脚底的一抹绿引起了我的注意，它在那灰暗的世界里显得尤为夺目。我俯下身去，凑近它，它在微风中摇摆着，轻薄却翠绿的叶子上还挂着晶莹的露珠，或许因为露珠过重，它那叶子有些微微地下垂。那是一株散发着芬芳清香的无名草，我不知它是从哪里来的，或许是被风落到这里。

这条小路上没有一丝泥土，可它竟能在石缝中存活了下来。它努力地把根伸入石缝之中，使自己有一个稳固处所，它以露为水，以夕阳为光照，它不知面临了多少灾难，狂风要将它连根拔起，暴雨要将它淹死；经常没有充足阳光和水分，但它咬紧了牙，不断努力地吸收着营养，渐渐成长，变得挺拔翠绿。眼前的这一株草，一股强大的生命力，震撼了我的心灵。

我久久地凝望着这一株草，它挺拔坚韧，充满了蓬勃苍劲的生命力，我开始渐渐明白了"生命"的真谛，它是一种力量，即使面对险境、困难，它不会退缩，为了存活，不断改变自己、成长自己，展现出令人震撼的生命力量。

那一次遇见，那一抹绿，虽纤细，却震撼我的心。

我们去远航

张丽媛

072

迷茫，迷茫。我坐在教室里，手中的笔在纸上涂鸦，那一条条固执、虚浮的线条，像极了空中断线的风筝，没有目标。

"啪——"又一支笔在我的手中"壮烈牺牲"，我甩了甩手，想消除那酸累。"嘿！干什么呢？"小K用手推了推我，"一节课45分钟，您老人家已经弄坏了三支笔，敢情您破坏力非同凡响啊？"我撇了撇嘴，不作声。

天空中的大雁飞散又聚拢起来，如同那些瞬息万变的浮云。"我们坐在这里是为了什么？"我的食指轻轻地摇动，笔又在指间转动起来。"呵——"小K轻笑，"丫头，你也想当抒情诗人啊，忧郁吗？不适合你。""啪……"我将笔拍在了桌子上，震得我手发麻。小K抬头，扶了扶眼镜，合上了厚厚的教辅书。

"丫头，别多想了。学吧，前方总会有路走的。"我正视她，那清澈的眸子充满了坚定。

　　"我？我还行吗？数理化加起来还不够人家一科的分数多呢！拼，拼什么？"我低着头，心里一阵苦涩。散落一地的演算纸密密麻麻地写满了"一中"，那些字仿佛都在无情地嘲笑我。

　　"总会好的。"小K拉起我的手，安慰我，"你总喜欢看高飞的雁，你了解它们吗？"我看着阴灰的天空，大雁结群了，要南飞了。小K继续说："你算过从北京到南方有多远吗？最近也要1000公里。"我看着小K："一千公里，你跑过吗？那么长的距离，凭的是什么？""坚持和信念。"小K紧握住我的手，目光坚毅。"坚持和信念？"我喃喃地重复着。

　　天空中，大雁一声声地叫，"去南方，去南方……"叶子又黄了一地，一千公里的遥远，那不懈的坚持，我闭上眼，细细回味"坚持和信念"。

　　成长路上，不必迷茫。下一站，明确目标，收拾好行囊，记得带上"坚持和信念"，我们一起去远航。

林荫中的生命

韩一凡

　　中秋，依然是沉闷枯燥的。

　　水泥路上被大大小小的树荫所覆盖，嫩绿的树叶被阳光镶上了一层金边，楚楚动人。悦耳的鸟鸣将树的倒影无限拉长，曲径通幽处鸟的扑棱声格外清晰。

舅舅拿着弹弓四处寻找猎物，"扑！"只听见那钢珠如风一般划过我的视线，再接着，那丛林深处传来一阵绿叶坠落的沙沙声和翅膀急速扇动的声音混合在了一起，平常、普通，却又格外扣人心弦。我紧张着，就如同刚刚紧绷的弹弓一样，难以放松。我跟着舅舅的步伐缓缓地移动，极不情愿却又迫不及待。我的脑海中两种声音打着架："如果弹珠没有打到那是最好不过的事了，我还是去看看吧！""可万一弹珠打到鸟儿了呢？我明明站在旁边，却又残忍地看到一条鲜活的生命血淋淋地惨死在我的眼前而不制止！"想着想着，我惭愧不已。这时舅舅的声音出现在身后，看着他满是喜悦的笑颜，可我再也高兴不起来了。他的右手抓着那鸟儿的两条细长的嫩粉色的腿，肚上灰白色柔软的茸毛染上了深红色的血迹。翅膀曲着，可又有些固执地挺直，或许它正要展翅欲飞吧。

我看着它半闭的双眼，看着蓝色天幕中正自由翱翔的鸟儿，自言自语道，它也本应是它们中的一员吧。或许它还有着自己的孩子，或许它还有未到达的地方，但现在也只能死不瞑目了。我的心中漾起了酸楚的涟漪。"劝君莫打枝头鸟，子在巢中盼母归！"如果鸟儿折了双翅，它便失去了自由；如果人们失去了双臂，那将苦渡一生。生命正是如此，那鸟儿的鲜血还在流淌！

林荫中的鸟儿，看似渺小，却是实在的鲜活的生命啊！对生命的扼杀应到此为止！

遇　见

欧阳安琪

　　仲夏，蔷薇用瑰丽敲打着人们心扉，望着自由翱翔在花丛中的蝴蝶，内心缱绻的记忆不禁被唤醒……

　　那天，无边的雾霭笼罩着我，和煦的微风袭来，而我却觉得冷飕飕的，满是凄凉。我彷徨的踱步在回家的小径上。这时一个活泼爱笑的女孩儿映入了我的眼帘。她一手捧着玻璃瓶一手握着捕蝶网，朝蝴蝶纷飞的花园奔去。

　　好奇心迫使我跟了上去。瞧，她正笨拙地捕蝶呢！只见她蹑手蹑脚地来到一只美丽的蝴蝶旁，蝴蝶的翅膀一面是乳白色的，上面点缀着斑驳的绿点，另一面是淡紫色的，靓而不艳，淡而不俗。她紧紧攥着网柄，奋力一扑。网将蝴蝶罩住了，这一刻时间仿佛都凝滞了，巨大的震动下，蝴蝶镇定自若地牢牢地立在萋萋荒草中的一朵皱菊上，女孩儿慢慢地将手探到网里，意欲捏住它重叠的双翅。可一不小心蹭到了花枝，蝴蝶随即敏捷地张开双翅飞走了

　　女孩儿"唉"地唏嘘了一声，她将网从荆棘的树干取下，正巧见我在一旁细视，就冲我微微一笑，那双澄澈的眸子里闪烁着耀眼的柔光，白皙的额头上沁出了几滴汗珠，还来不及擦拭就又跑远了，我也对这可爱的小女孩儿心生好感，为她憨厚童稚的神情感到舒适开怀。

我本以为，她不会再逗留了。可在不远处又看见了她奋身一跃，蹶着的那俩短粗的小辫子正摇晃不停。我急忙赶上前去，驻足在葡萄长廊旁，凝视着……只见她追着一只靛青色的，上面镶嵌着棕色"宝石"的蝴蝶。原本潇洒的蝴蝶，终于淑女般地栖在一大群红花榨浆草旁，女孩儿累得气喘吁吁，但她不得不压制自己的呼吸，屏气凝神，目不转睛地盯着蝴蝶，然后手脚并用，随着迈出的一步，手也迅猛地一扑。真是有迅雷不及掩耳之势，万夫难挡之勇啊。女孩儿先拨开一边的网小心地捏住翅膀，蝴蝶不断地振动着，触角也不停地来回颤动，拼尽全力，垂死挣扎。女孩儿嘟着嘴，将蝴蝶塞进了瓶里，蝴蝶在瓶里上蹿下跳，徒劳地撞着瓶身，力量之大，是微小生命对生活的无限渴望，女孩儿凝视着，若有所思。

让我没想到的是，片刻，女孩儿缓缓地恋恋不舍地拧开瓶盖，蝴蝶振翅飞翔，于碧空中，于花草间，悠然自得，怡然称快，女孩儿却漾出恬静的微笑，泛着羞涩水嫩的红晕。她向蝴蝶招手，直到飞到天的尽头，她看不见了才回过头，收拾工具，回家。

夕阳西下，破碎而蓬乱的朱砂红在夕阳的映衬下宛若女孩儿那飞扬的褶裙。余晖下，那恬淡雅然的身影，如林外疏花香如故。

我不禁呢喃道："真正的爱是放手，而不是占有。"女孩儿捉蝴蝶来之不易，但最后毅然将蝴蝶放飞，女孩儿那无私的爱纯净的心融化了我心中的坚冰。我仿佛觉得天更蓝了，路也更宽了。

遇见是一种缘分，相识是一种乐趣，即使只是弹指一瞬，也终觉得温暖如春……

身边的风景也动人

丁锦晖

用心体悟身边的风景，你才能发现他们的动人至极。

一、母亲与儿子

热闹的花鸟市场里，我看见了这样一幕：一个五十多岁的大爷，正推着他那八十高龄的妈妈，儿子脸上洋溢满足的微笑，他正仔细地向前走着，手中轮椅上的母亲满头银丝，却有些睡意，闭了眼聆听儿子诉说带她来的好去处。他们进了一家店铺，出来时儿子手里提了个鸟笼，母亲手中卧了只小白兔。他们的脸上，都有着满足的微笑，各自目光交汇时，都是温暖的阳光。

浓浓的母子情谊犹如一道风景，这风景深深地打动了我。

二、乞丐与野狗

日落时，我在家门口的饭店前，见到一个乞丐与一条流浪狗，乞丐摸出了仅剩的五元钱，店主便给了他一盒蛋炒饭，乞丐衣衫褴褛，毛发乱杂到盖住了他的脸，只剩下一双浑浊的眼睛，他抓起一口饭，

夜空中最亮的星

塞进嘴里细细咀嚼，仿佛在品尝山珍海味。

一条狗无力地躺在他的身旁，也是脏兮兮的，身上的毛都打了结，它倚着乞丐，眼睛盯着乞丐不动，向乞丐伸了伸舌头，乞丐抓了把饭给狗，狗感激地舔了舔他的手。不久，一盒炒饭便光了。那人站起来，狗也跟上去，两个身影消失在了夕阳的余晖里。

人与动物相惜相怜的情景犹如一道风景，这风景深深地打动了我。

三、男孩儿与阿姨

"扑通"，一个小男孩儿摔倒在大街上，地面上一块尖锐石子戳破了他的手，他立马哭起来，泪眼婆娑，却无依无靠。

这时，一位阿姨立马跑了过来。"不要哭了，阿姨拉你起来。"小男孩儿在阿姨的帮助下，瑟瑟地站起来，手掌有些血迹。"啊呀！怎么弄破了，阿姨帮你擦擦。"边说边掏出一张纸，细心地把小男孩儿的手擦干净了。顺手又从包里掏出一颗糖给他，小男孩儿满足了，停住了哭声，又蹦蹦跳跳地跑远了，女人微笑着看着他远去，满是疼爱。

陌生人的善良友爱的镜头犹如一道风景，这风景深深地打动了我。

深藏心底的那朵花

　　泪滴落在了地上，迅速幻化成伤痛的回忆。那些像蒲公英一样飞到远方的人啊，是否已将我们遗忘？我凝视着墙上阿婆平和慈祥的遗照，咬紧牙告诉自己：不要哭，阿婆没有离开，她只是搬到天堂去住了，世界上并没有少一个疼爱我的人，而是又多了一个保佑我的人。

生活的哲学

王若禺

鲁班，"石木瓦雕漆，金银铜铁锡"公认的祖师爷，在被带锯齿的草割破手后，发明了锯；牛顿，力学、微积分、光学的创始人，从苹果的落地中悟出了不朽的真理；还有释迦牟尼，世界第三大宗教佛教的建立者，也是从下层人民的苦难不幸中得到了启发。他们的事迹告诉我们什么？生活中处处有哲学。

小河边，一个青年捡到了一个背包。包内的物品散落一地，他好心地将它们一一放入背包里，而后把背包交给警察去寻找失主。若是换了别人，一定会想：这不就是一只包么，又不是什么贵重物品，我为什么要替别人弥补粗心的后果呢？但他终究还是设法将包送到了失主手上，并惊奇地发现，竟是自己的朋友丢了包。而且，在包的一个夹层内，还密密地排列着好几万元钱。因此，他获得了别人的尊敬、信赖，当然也少不了一番感谢。

当我们帮助了他人时，也是在便利自己，提升自己。

一老一少在菜市场买菜，不久，他们就看中了四条黄鳝。老板很是热情，周到地招呼着顾客，满脸洋溢着笑容，手脚麻利地处理好了黄鳝，将杆秤在手里调弄了一会，报出了一个有些出格钱数。"这黄鳝好像有些贵呀。""唉，野生黄鳝么！贵是贵了点儿，但吃得放心！""是啊，但四条有点多了，就把这两条称一下吧。""好嘞！一共三十七块，便宜点儿就三十五吧。"老板脸上闪过一个狡黠的笑容。"还是有点儿多了，再麻烦下，要那两条小的吧。""那我再称一下。""不用了，把第一次称的价钱减去第二次价钱不就行了吗？""呃，呃，呃……"老板一时说不出话来。做生意要诚信哦，客人头也没回就走了。望着远去的背影，老板连连叹气。

一杆秤，不仅称出了重量，也称出了人品。

生活是一面明镜，清晰地映照出美丑善恶；生活是一架相机，公正地录下人们的品德操行；生活是一面放大镜，把模糊的事情变得清晰直白。

小街的味道

杨远欣

这条小街的味道总是让我不知不觉地回味——

小时候，这条小街留下了我与父亲的许多欢笑。小街灯光幽幽，虽看不大清楚，但总有让人惊喜的地方。快看，远远来了对人影，大人驮着小人，那便是我和父亲。我趴在父亲背上，欢乐无比。父亲像一只大乌龟似的，走得好慢好慢，但总是安稳无比，好温暖。

"爸爸，你看有好多星星哦！"

"是呀，这么多星星宝石，你要哪一个？"父亲侧脸用余光瞧着我，笑眯眯的。

深藏心底的那朵花

"我要那最大最亮的！"

"好勒，趴稳啦，小火箭开动。"

父亲背着我左摇右晃，还时不时地跳起。偶尔用胡须擦擦我的额头，"哈哈，好痒啊！"父子两人的欢笑声响彻了小街，小街留下了满满的欢笑的味道。

现在，小街是我美好的回忆。小街的灯光明亮了，我和父亲有时间总喜欢去走一走，因为小街可以让我们身心得到一点儿轻松。

父子俩漫步在路灯下，灯的光映出了父子的影子，好长好长，父亲摸了摸我的头，慈祥地问："最近考试了没有。"

我故意卖个关子："考了，但是没考好。"

父亲突然着急地问："多少分？怎么考不好了呢？"

"一百分啦！"我忍不住哈哈大笑起来，父亲也笑了。

"小东西，还跟老子玩心理战啦，考得不错，奖赏一下。"于是，父亲拍拍我的背，再细心地帮我把领子翻好。

现在小街的味道是说不出的轻松和愉快。

以后，真希望我和父亲永远像一对知心朋友，走在小街上，享受小街带给我们的美好。

小街上，弥漫着父亲对我深深的爱与关怀的味道，这些味道，氤氲着我的心。

小街的味道，让我永远回味。

忘不了那个眼神

李鑫琳

每当我看到被人们牵着的宠物，就会马上想到那个眼神……

那还是在我小的时候，我和爷爷奶奶一起住在乡下。一天，爷爷侍弄完他的鱼塘，回来时，怀里多了一只鸟。爷爷说这是他路过树林时捉来给我玩的。呵，好大的一只鸟，浑身都是黑的，脚又细又长，和常见的小鸟真不一样。最令我感到吃惊的，是它的眼睛——圆鼓鼓地瞪着我，让我感到心颤。为了防止它逃走，我用一根细绳子绑住它的脚，拴在椅子腿上。

它却不肯老实，总想着挣脱绳子。可是绳子绑得太牢了。挣扎无效后，它开始围着椅子腿打转。绳子一圈圈地绕。它边绕边哀号，眼神中充满了怨恨。后来绳子没得绕了。它的脚就被吊起来了，不能动弹。这时它就更加响亮地哀号，那声音似乎是从遥远的山谷里传来的，我的心更是为之一颤。

好几天过去了，这只鸟照旧绕着，哀号着，怨恨着。奶奶说，把它送人吧，给谁补补身子也好，省得它天天不省心，吵得人心烦。我心里可怜它，极力阻止了奶奶。可能是那只鸟真聪明，明白了我对它的好，变乖了一些。它开始每天按时吃食、喝水，也很少叫了。只是，还是想向外走，我不让，它的眼睛瞪得更圆了。爷爷说，你拴住它，带着它出去跑跑。一出门，它就欢喜地扑着翅膀。我当时还不懂，为什么放它出来它会这样开心。

就这样，每天出门，回来，出门，回来……不用我再强迫它，这只鸟已经完全懂得了我的心思。这令我感到非常欣喜。我想，也许是在我家待了这么长时间，有吃有喝，是有感情了吧！我很有一种成就感。我想，我要把它养大。

有一天，我从外边回来，却不见了它。我以为奶奶把它送走了，连忙跑去问奶奶，可是奶奶却说没有。我心里一惊，一下子慌了，难道它逃走了吗？我跑去一看，绑在椅子上的绳子不见了，椅子腿也坏掉了，明显是被它啄坏的！我惊呆了，它真的逃走了，用了这么长的时间，终于逃走了。在我家过得这么好，为什么要逃呢？爷爷说，它回家了。

我想起来了，它的眼睛，从来都是圆鼓鼓地瞪着，没有变过。

现在，我长大了，我想，那只鸟走的时候，一定很愉快吧！那是一种多么轻松的心情。那只鸟啊！你会永远留在我的心底，还有你那令我心颤的眼神。

无　声

张一山

他只是一棵很普通的沉默的小草。

像前辈那样，他与无数的兄弟们在一个大风天被风送向远方，四

处漂泊，直到来到这儿地砖的缝隙里——这里没有充足的营养，没有柔和的阳光，没有挡风的墙。不过，炎阳是有的，从上面突然踩下来的脚也是有的。这是死神的住宅。

但他还是努力地探出了自己的小脑袋，倔强地向上生长。看到一些落在花盆里而苗壮成长的兄弟们，一个个都比他更高更绿，在明媚的阳光下与奇花异草一同被主人欣赏，他心里充满了感慨。唉，谁让他生在这样一条地砖缝里呢，他只能一辈子默默无闻了。

可是，仅仅几天之后，那些生在花盆中的兄弟们，竟一个个全被连根拔起，柔嫩的新叶都没来得及展示生命的活力就被扭断，白而细的根无力地躺在花盆里，做垂死挣扎，后来这些鲜嫩的小草竟然被埋在了花盆的泥土里，给花盆里的花充当新鲜的有机肥料。

他看到这一切心里凉了半截，但很快又觉察到自己的幸运。若他也落在华贵的花盆里，无疑也要被连根拔起，作肥料了——这可不是他所期望的命运！而这个小小的地缝，却给了他最危险的庇护。他坚信，即便暂时默默无闻，只要有执着的梦想，有艰辛的付出，终能够绽放生命的色彩。

暴雨来临，黄豆大小的雨珠折弯了他的腰；狂风袭击，呼呼作响的风掀起了他的根；烈日暴晒，如火的光烧烤着柔嫩的皮肤。但是，他终于挺了过来，一次次置之死地而后生，一次次被击倒又爬起，更坚定了他的信念，驱赶了他的胆怯。

几个月后，一株高得让人惊叹的草矗立在地砖缝隙里，那复杂得让人惊叹的根紧紧抓住地表；明媚的阳光泼洒在绿叶上。他坚强地生长着！

地砖缝隙里的这株小草，无声，却诠释出了生命的哲理。

瞬　间

王浩义

　　我爱雨，最爱雨滴落下的瞬间。

　　又下雨了，我迫不及待地站在屋檐下，迎接这天上来的使者。空气变凉了，有丝丝水雾，浸得身上微微变了色，雨未等我看清，便落在了地上，无影无踪，我特意用慢镜头拍下了雨滴落下的瞬间。

　　雨滴落下时真美，如一颗珍珠般坠落，它的表面凹凸不平，但每一拐角都圆润无比。雨滴的外层仿佛是一层无缝的膜，水分子到处游移，雨滴因此在不断地变着形状，开始是圆球，然后成了烧饼，成了海星，又变成一块如小孩手捏出的豌豆，浑然天成的美感瞬息变化，悄然而至。

　　雨滴中，映出了多彩的世界，开始是七彩的光，神秘的彩色在雨滴上变幻着，先是红色，到绿色，再到紫色，不停地糅合，是一种天然的美，透过雨滴，我看到了又一个世界的奇妙。雨中的树叶瑟瑟，片片油亮光滑，雨滴有的落下，有的被叶片托了起来。一个孩子不肯打上雨伞，在雨中尽情转圈，尽情地呼喊，他张着嘴仿佛亲吻着雨；一辆黑色的车急速驶过，撞响了数不清的雨滴，四散的水滴落到了地上，与扬起的水花同归于寂……

　　雨终于砸到了地面上，却像蒸发了一样无影无踪，等一会儿却又神奇地冒了出来，带起一圈小水珠，如三两片叶捧着珍贵的花苞，可惜终归是要落下的，雨滴不甘心，在最后的瞬间里，又挣扎着打出一片水花，似花一样美艳，透明！纯洁！那种傲然摄人心魄。

看看雨滴落下的一瞬间，让我有种恍如隔世的感觉。

人的一生也是由许多瞬间组成的，如果我们的瞬间能如雨滴落下般的不平凡，那一生正如一场雨般富有诗意，无怨无悔，因为他优美地展示过。

我爱雨落下的一瞬间，因为这瞬间，摄人心魄。

微　　笑

李沁怡

至今，依然清新地记得，那一场大雨，那一辆的士，那一位司机，以及那一个微笑。

那一天，我正走在去上课的路上，怎料，夏天的脸，说变就变，之前还骄阳似火，转瞬间便乌云密布，大雨滂沱。我急忙躲入路边的公交站台避雨，眼光焦急地扫视着，朝每一辆呼啸而过的的士招手。终于，一辆的士在我面前停下，溅了我一腿的泥水。我皱了皱眉，顾不了那许多，急忙拉开车门钻了进去。

车中不似其他的的士，这辆的士的车内意外的整洁。雪白的椅布上没有一个污点。司机是一个老头儿，瘦削的脸，条条皱纹如刀刻般刚硬。

深藏心底的那朵花

"去哪里？"说话间带着一种磐石般的冷漠。

"师傅，去……"我一时竟想不起来如何描述那个地方的位置。

"去哪里？"他再度询问，疑问句说得像陈述句一般，没有丝毫情感，就像系统提示音。

"去华润大厦附近。"

"附近是哪里？说不清楚就下去，别耽误我工作。"

我有些恼火，这是对待乘客的态度吗？"请你先驶到华润大厦，然后我再指路。"

"不行。"

我有些愕然，随即愤慨起来，拉开车门就想下去，但看到外面如黄豆般大小的雨点，又硬生生地收回了脚，关上了车门，有些无可奈何："那就到华润大厦吧。"

"……"一片沉默，只有发动机启动的声音。

车停了，付完钱后，一秒也不想在这沉闷的气氛中多逗留，急忙跳入雨中。

气喘吁吁地到达目的地，我想掏出手机看下时间，却猛然怔住，心凉了半截：手机不见了！完了，一定是坐车时滑出口袋了。怎么办啊？

下课后，雨已经停了。我魂不守舍地向家走去，路过华润大厦时，身旁的一辆车突然连按着喇叭。怎么回事？不耐烦地扭过头去，看见那辆车窗的玻璃缓缓下移，竟然是那个老头儿司机，他的手上拿着一部我极其熟悉的手机。"小姑娘，乘客在座位上发现了这个手机，我猜应该是你的，就回到这里一直等你。"

接过失而复得的手机，我说了好几句感激的话，那个老头儿的嘴角只是僵硬地抽动了几下，向上翘起一个古怪的表情，这是一个微笑。

怔怔地看着这个老头儿，原来他也是会笑的。最开始我还以为他是一台冰冷的机器人呢。尽管这个微笑看着极为别扭，但却像一道暖流，流入我的心房，使我至今难忘。

老人与小孩儿

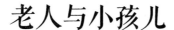

史艳云

庭院中，星光漫天。

"爷爷，爷爷，那是什么呀？"指着藤蔓上一颗颗圆润的珍珠，小女孩儿一脸的好奇。

"那是葡萄。"老人的脸上道道皱纹舒展，眼中溢满慈祥。

"葡萄，雪儿要吃葡萄！"小女孩儿望向老人，明亮的大眼睛扑扇扑扇的，一脸渴望。

"葡萄酸，酸，酸掉牙！"老人慢慢踱来，轻轻捏了捏小女孩儿红扑扑的脸蛋。

"雪儿就要吃葡萄嘛！"小女孩儿不依不饶，不断跳起来去够那颗颗碧绿。

老人微笑着挑选出一颗最饱满的绿珍珠，在池水中洗净，轻轻放入小女孩儿迫不及待张开的口中。

"咯咯，爷爷，好酸！"清脆的笑声融入无尽的黑夜，传得很远很远……

庭院中，月光如水。

"爷爷，爷爷，给我讲故事吧！"依偎在老人的怀中，小女孩儿的眼睛在黑夜中闪闪发光。

"传说，在月宫中，住着一位美丽的女子叫作嫦娥……"老人遥望空中那轮明月，缓缓讲述。

"爷爷，嫦娥有雪儿漂亮吗？"小女孩儿抬起头，顺着老人的目光望向月亮中隐约的身影。

"没有，我的雪儿是最漂亮的！"老人刮了刮小女孩儿的鼻尖，声音里满是宠溺。

"嗯，太好了，雪儿比嫦娥还漂亮！"小女孩儿有些兴奋，将头重新枕在老人的臂弯中。

"从此，嫦娥成了美好和幸福的象征……"老人凝视着陷入沉睡的小女孩儿，低沉的声音在庭院中回荡。

庭院中，旭日东升。

"爷爷，爷爷，快看，太阳公公起床了呢！"迎着第一缕晨晖，小女孩儿激动地喊着。

"嗯。雪儿，太阳公公漂亮吗？"老人微眯起眼，仰望着那轮朝阳，目光深远。

"漂亮，太漂亮了！"小女孩儿小鸡啄米般点头。

"从你这么大开始，爷爷便喜欢上朝阳。每天清晨，看着红日升起，便感到精神饱满，心情愉悦。只是，不知道，爷爷还能陪雪儿看多长时间。"老人发出悠长的叹息。

"爷爷，太阳不会离开我们的，它每天睡醒后，就起来陪我们，你也要像太阳一样哦。"小女孩儿侧过头，俏皮地眨眼。

"呵呵……"老人抚摸着小女孩儿的头，笑声中包含着几多惊喜，几多欣慰。

那庭院中，充满着浓浓的祖孙温情。

老人与孩子

丁家宜

坐在电视机前，我被一条新闻吸引住了。

新闻的大意是这样：在繁忙的道路旁，一位老人被一辆电瓶车撞倒了，在地上痛苦地呻吟。十几分钟过去了，没有一个人去扶一下老人，甚至连关切的目光也没有——每个人都忙着自己的事，哪有时间来管这闲事呢？终于，有几个孩子路过扶起了老人，可老人却突然变脸，揪住几个孩子不放，一口咬定是孩子们撞倒了他。为此，老人时不时前去骚扰孩子的父母，目前仍未解决。看完了这个新闻，我被震惊了，但更多的是心痛：难道有些人的道德素质已经如此低下，人们的关爱与理解全都荡然无存了吗？这可不是每个人所想看到的呀！

正当我沉浸在痛思中时，却被妈妈打断了："儿子，如果有个老人或小孩儿摔倒了，你会怎么做呢？"一时间，我无言以对，只有沉默。

又是一个阳光灿烂的早晨，万物都在太阳的金辉中开始了一天的生活。

我与妈妈一起去菜市场，看着这里来来往往的老人，中年人以及不多的小孩儿，我又想起了那条新闻。就是在一个与这里同样人来人往的地方，发生了那样令人难解之事。但很快，我的思绪就被打断，因为在前面不远，一个小孩儿摔倒了，大人又不在旁边，一时间哭声大作。不少人的眼睛里流露出为难的神色，有的人从小孩儿旁边走过就像没有看见，有的人索性调头往回走了。正在这时，一位老奶奶急急走向小孩儿，轻轻地扶起了小孩儿，用唱摇篮曲般的甜美声音抚慰孩子的心灵，小孩儿破涕为笑了，不少人都充满敬意地看着老奶奶。

心中充满了温暖，我已经知道怎样回答妈妈的问话了。

每个人都没有理由拒绝帮助一个老人或孩子，即使可能冒着一定的风险也应该在所不惜。"老吾老以及人之老，幼吾幼以及人之幼"，世界才会美好！

爱的港湾

李颖彦

夏天的夜晚，天上的星星一闪一闪的，好像闪亮的眼睛。

年幼的我和奶奶一起在院中乘凉。奶奶手拿着一把小扇子，慢悠悠地一扇一扇，一阵一阵凉风向我轻轻飘来。我躺在奶奶的怀里，闻着那飘荡在空中的花香，望着天上闪烁的群星，感受着夏日夜晚的美妙。

这时，一片黑云遮住了天空中闪烁的明星，我东瞧瞧西望望，怎么没有了那些星星的影子了？

我纳闷地问奶奶："奶奶，星星不见了。是不是我不乖，星星躲起来的啊？"

奶奶慈祥地笑了笑说："怎么可能，你这么懂事乖巧，星星才不会躲起来不见呢。"

我急着问："那它们怎么不见了呢？"

奶奶说："星星啊，可能是玩累了，回家去睡觉了。要不，我讲个故事给你听吧。你想听什么故事呢？"

我思索了一会，说："我要听关于星星的故事。"

"从前，天上有……"

我听着故事，抬头望着那片黑云遮住星星的地方，希望星星真的再次出现。奶奶边讲站故事，边轻轻晃着我，一只手还在轻轻扇动着扇子。

空中的花香似乎更淡了一些，我用鼻子嗅了嗅，一股花香钻入鼻腔，沁人心脾。

我又嗅了嗅，好奇地问："奶奶，这香是从哪来的啊？"

奶奶抚摸着我的头说："这个啊，是月季花，好闻吧。"

我的目光又回到了天空了，我惊喜地发现，那片黑云过去了，星星又出现了。

我激动地拍了拍手，嘴边呢喃道："奶奶快看，星星又出来喽！出来喽……"

奶奶摇晃着我，唱起了好听的歌谣，在奶奶的怀抱里，我听着歌谣，奶奶慈祥的目光送我进入梦乡。

奶奶那温暖的怀抱，是我童年的摇篮，也是爱的港湾。

深藏心底的那朵花

深藏心底的那朵花

安晓宇

老屋真的老了。

踏过青石板黛色台阶上的苔痕，轻轻地推开那扇厚重的木门。打开了尘封的记忆，不经意间，曾经的岁月仿佛重现眼前。

"阿婆——"我微笑地看着院落梨木躺椅上那恬然的面容：苍老，却带着平和的目光。阿婆颇为吃力地坐起来，"咳咳，宁宁来了啊！"我满是欢欣地走过去。"阿婆，天气暖和了，茉莉花应该开了吧？"阿婆竹节般手指伸过来，抚摸着我的脸颊说："开了的，可是现在已经见不到了，早过了盛开的季节。""哦！"

我怅然地应和着，目光不自然地偏向了墙角的那株仍然纤弱的绿——已芳菲殆尽的茉莉。

夕阳西下，提醒着我该走了。阿婆拄着拐杖颤巍巍地执意要送我出院门，在我一再地阻止下，阿婆停住了脚步，定定地立在家门口，这景象宛如一幅剪影。深深地定格在我的脑海中。我的孩提时代就是在阿婆慈爱的目光中度过的，阿婆是我心中永恒的守护神。

这年深秋。我踏着院落里的一地梧桐落叶，看着那光滑的梨木靠椅上已没了阿婆的身影。秋风带来了阵阵凉意，我站在院子里，思绪万千。墙角里小小的蟋蟀，在晚风中鸣唱，这叫声引发了我无尽的思念。

　　我拿下衣服上的那朵白花，把它插在茉莉花盆里。像茉莉花一样，恍惚间，我似嗅到了轻轻淡淡的茉莉清香，看到了阿婆慈祥而不语的温柔模样。

　　泪滴落在了地上，迅速幻化成伤痛的回忆。那些像蒲公英一样飞到远方的人啊，是否已将我们遗忘？我凝视着墙上阿婆平和慈祥的遗照，咬紧牙告诉自己：不要哭，阿婆没有离开，她只是搬到天堂去住了，世界上并没有少一个疼爱我的人，而是又多了一个保佑我的人。

　　手触到一丝方巾，柔滑而又精致，左下角绣着四个娟秀的小楷———世安宁！

　　安宁，是我的乳名。

　　我抬起头望天，有一朵云，竟成了茉莉花的形状。

　　那深藏在心底的茉莉花啊，是我永世难忘的牵挂。

浓浓墨香沉醉我心

　　在文人墨客的词句中徘徊，我将原本灿烂的年华蒙上古老的神秘，蒙上忧伤的故事，蒙上千年不化的潺潺深情。他们的故事，或凄美，或悲凉，或温暖，或辉煌。无论后世如何传颂，我只见他们的真心，在黄土纷扬中，闪闪发光。

　　十年生死两茫茫。不思量，自难忘。千里孤坟，无处话凄凉。纵使相逢应不识，尘满面，鬓如霜。

夜来幽梦忽还乡，小轩窗，正梳妆。相顾无言，唯有泪千行。料得年年肠断处：明月夜，短松冈。

萧瑟的暗夜中，我的心仿佛和苏轼一般冰凉。原来"豪放派"的代表也有细腻的心。是多少年的深情相爱，换作"尘满面，鬓如霜"的沧桑。"相顾无言，唯有泪千行"，王弗和苏轼，是怎样凝望对方，哽噎难语？相思的疾苦，化作点点离人泪。

捧上我的一颗心，让它陪苏轼一同思念亡妻，痛彻心扉。

销魂，当此际，香囊暗解，罗带轻分。谩赢得青楼，薄幸名存。此去何时见也，襟袖上，空惹啼痕。伤情处，高城望断，灯火已黄昏。

斯人独憔悴，背景越是艳丽，身影便越是荒芜。"蓦然回首，那人却在灯火阑珊处"。不是每个人都像辛弃疾那样有人在阑珊处默默地微笑静候。秦观他怕是高城望断，灯火寂灭，悄然无声罢了。"襟袖上，空惹啼痕"，那泪水，止也止不住。那离别又是怎样的不舍，怎样的难过。而为了他的前程，为了未来，他不得不离开。

捧上我的一颗心，看它同少游一起离别所爱，孤寂转身。

在无数个夜晚，我看车灯明明灭灭射入房间。在我难过，迷茫，徘徊在黑暗中时，我随着苏轼、秦观、辛弃疾、李清照来到另一片天地。这里刮着墨色的风，飘着深蓝色的云，我的心沉浸在一片静谧的湖水中。也许，我是不够成熟的，所以我迷恋着宋词的柔软和情愫。也许，我又是成熟的，所以我读懂了宋词中的故事，感情。我将自己禁锢在文字的世界里，周围是看不清的神秘，口袋里是我坐井观天的幸福。

浓浓墨香，沉醉我心。

面　　对

夏一峰

　　我走在去外婆家的路上，循着阳光的脚印。这是一个纹丝不动的上午，冬日的冰冷在阳光的搅拌下不紧不慢地融化着，在我的脑海中渐渐泛起缤纷的奶泡。

　　昔日的繁华褪尽，老政府的大门已经紧锁着了，荒芜的土地在怀旧的人们的心上长起一片肆意的愁伤，唯有彩灯依旧，用华美的虚梦，拼凑出车水马龙的旧时光。

　　老政府旁的一座旧建筑，还没有拆除，以前，我从没怎么留意过它，它也似乎习以为常一般，就一直默默地待在那儿，任时光流逝，慢慢度日。

　　这栋房和老式的居民房没什么两样，我甚至想象得出它出生时的模样：一群普普通通的工人，老老实实地将地基打牢，一砖一瓦地在上方砌出一堵墙，接着又是两堵……老老实实地架好房梁，再老老实实地给它刷上灰扑扑的颜色……一切仿佛走过场，完全格式化。我想象不出这群工人脸上的表情，如果他们有什么表情，那应该是一种木然吧。

　　如今，这幢房，即将走完它少有余味的一生。它如一头勤牛，在时光的阴影中，兀自活着自己和欢乐，孤独，似乎不那么漫长了。然而这一天的到来对于房子来说却是无比重要的：它就能感受到新生的喜悦，阳光的温度，尽管人们一直不曾给予它青睐的目光。

空旷的地方，还有一些工人在拆除着破旧的房屋，那钻头，似乎有锲而不舍的意味，它却拼命一般雕琢着这垂暮之年建筑的一角，一个小洞，渐渐扩大……

终于，房子在大地的悲恸中轰然倒塌。铺天盖地的灰尘扑面而来，掀起一层巨浪……房屋并非一日可以建成，但不费吹灰之力，便可让它荡然无存。

"茫茫众生，谁不有死，堕地之时，死案已立。"透过蒙蒙的灰尘，我看到了在这块地上筑起的高楼。

不能忽略的信

陈文文

老家房子的隔壁住着一位老奶奶。

我每次回老家看望祖父母，总能碰到这位老奶奶。她有时在晒太阳，有时在择菜，但无一例外的，在她听到我"奶奶好"的叫声后，总会抬起布满皱纹的脸，朝着声音传来的大致方向，高兴地应一声"哎，孩子，回来啦"，然后继续低下头摸索着做自己的事。她是一位盲人。

老奶奶对我很好，我常常去她家玩，也帮她干一点儿家务。渐渐地，对她的情况我也有所了解：她的独子在外地工作，没有时间回家，但总是在固定的时间，让一位送快递的小伙，给老奶奶送来生活费与一封家信。

一天下午，我在老奶奶家玩，正好碰上来送东西的他。他对我打了个招呼，然后笑着对老奶奶说："老人家，信送到啦。"老奶奶脸上露出欣喜之色，双手接过信封，摸索着打开，将里面的一张崭新的百元大钞抽出，放进一个陈旧的木柜，然后把信纸抽出，给了他。我坐在一旁，疑惑地望着这一切。他抓着信纸，站在老人面前大声地朗读出信上的内容，大意是老奶奶的儿子在信中向母亲报平安。

时光飞逝，我的学习紧张起来，也没有多少空余时间可以经常回老家看看。可一个消息却让我急忙赶回了老家：我最熟悉的盲奶奶过世了。

到了老家，我眼含热泪，望着老奶奶安详的脸庞，失声痛哭了起来，身旁，那位送信的小伙子也在哭泣。乡亲们四处寻找老人的儿子，却始终杳无音信。可我却从他们中间听到了一个秘密：老人的儿子早已在几个月前的一场车祸中去世。

那么那些信从何而来？我心中暗自疑惑。乡亲们也在讨论着，他们认为一定是她儿子的妻子写的，可也无从寻找他的遗孀。终于，人们决定打开老人那陈旧的木柜，一探究竟。我随人们来到柜前，看到打开了的柜子里面只有一叠新钞和一叠信纸。然而令我和众人惊讶的是，这一叠信纸上什么也没有，是一叠同一模样的白纸。

我看向被众人忽略的小伙，他此时跪在老人身前，伤心落泪。

虽然小伙子只是一个在生活中被忽略的小角色，但不能忽略的是他为老人读的那数封特殊的信，更不能忽略的是，他对老人的无私的爱。

我的微博

陈启盈

在这个节奏飞快的时代里，几乎每个人都在"织围脖"（写微博），我当然也有自己的微博啦。

咦！今天我的微博多了一个新听众，我打开她的资料看了看：路人甲——这名字也太普通了吧。没有头像，连一条微博也没有，也没有听众。看来她是个新手啊。我随便看了一下，也就没有再注意她了。

100

最近的烦心事挺多，我打开了微博，在上面写道：

"最近事事不顺心，好像失去前进的动力。好烦啊！"后面还加了一个抓狂的表情。

过了几天，我上微博，发现有个叫"路人甲"的给我作了评论。"路人甲"？我费了半天劲才想起来，是我的那位新听众啊。只见她评论道：

"相信一切都会过去的。要学会用笑容面对困难，充满活力地迎接每一天。加油！"

我认真地看着这几句话，虽然很短，但字里行间透露出一种关心和爱的鼓励。本来我只是想发泄一下，没想到还会有人给我加油。我的心情立刻变得豁然开朗起来，似乎问题也没有我想的那么难了。

那次之后，我发的每一条微博，几乎都有"路人甲"的评论，而我也越来越喜欢她的评论，我想她一定是一个乐观开朗的女孩儿，因为我们有许多共同话题，我们成了好朋友。而且我总感觉，她似乎就在我的身边。

这两天，妈妈病了，虽然不严重，但要在家里休息。奇怪的是，这几天"路人甲"也失踪了。我的心情不禁有些失落。一天，我拿着妈妈的手机在上微博。突然发现妈妈的手机上多了一个新的账号，而这个名字恰恰就是"路人甲"。难道"路人甲"是妈妈？我的心颤了一下。

知道了真相以后，我没有因为她不是和我一样的同龄人而失望，而是再次认真地一条条地看着"路人甲"给我的评论，看着看着我的鼻子一酸，眼泪情不自禁地流了下来。妈妈的爱点点滴滴地滋润着我的心啊。

接着我对"路人甲"的评论回复了一句——我很久都没有说过的一句话："妈妈，我爱你！"

此 时 此 刻

范　新

第一次遇见老人，是在新年（大概初二、初三的样子）。老人的摊位，设在老政府转盘的左侧。这种游戏，在大商场的入口处，总能见到些许：长长的木盒，大概有两尺宽，上面竖起的小木棍，把木板分割成一个一个小空间。木盒的底部分成一个一个小隔间，老人在隔间里用泛黄的布贴上奖励的金额。拉杆在盒子的右下方，拉动拉杆，弹珠就会随之弹出，穿过重重的障碍，落在相应的隔间里。

我从未见过如此精巧的手工弹珠游戏，木棍虽有个别掉落，但其他零部件仍恪尽职守、兢兢业业。坐在小板凳上的老人胡子拉碴，头发斑白，显然，他仍不知道，在商场里已有了数不胜数的、更华丽的替代品。在寒风的肆意翻涌下，老人瘦弱的身子和小小的板凳，似乎随时可能被连根拔起。我努力地回想他的面容，但记忆总是在触手可及的地方，像老人的鬓发般，被狂风无情地吹散。

瑕不掩瑜，我难以抑制自己的欣喜之情，拉着同行的爸爸去过了把瘾。玩游戏的过程早已是一片空白，我只记得，那天的阳光，有着罕见的灿烂。回望，老人孤独的身影，让车来车往的转盘处愈发空旷。那年，我上二年级。

再一次遇到老人，是在四年级的大年初一。两年之隔，老人在初一再一次出现在我的视野中。他的摊位不远，就在婆婆家楼下，电信局门口。相比上次遇见，老人的脸色更加蜡黄了。我热情地上前重温这也许是最后一次的游戏，老人显然已不记得我了，他的语气像秋天的湖水一样亲切，又是那么陌生、沧桑。

令我记忆犹新的是，我这次中了五元的小奖。老人看着我，显得有些局促，他翻遍了所有的口袋，却只有一张皱巴巴的一元纸币和我刚才给他的一张两元纸币。他无奈地搓着布满冻疮和老茧的手，像一个孩子般不知所措。老人不好意思地说："要不，你再来一次吧。"

我不想有意为难他，便爽快地答应了。我小心翼翼地拉下拉杆，看着小弹珠出发，在木棍之间碰撞。以往盯着"五元""十元"的我，这次却紧紧看着没有奖励的那几个格子。手心有些出汗，弹珠在重重阻碍后，终于落在我期望的地方。

事情不幸地被我言中。那一次重逢，便是我最后一次遇见他。此时此刻，站在已经拆去的老政府的门前，灰尘扑面而来。我望着那块空了的区域，黯然神伤。

生命中最珍贵的财富

蔡凌晨

"快起床！快起床！太阳都在头顶上喽！"在爷爷的呼唤声中，我揉着眼睛醒来。

向窗外望去，一片片绿油油的麦浪随风波动，一株株树苗享受着阳光的滋润茁壮成长。打开窗，阵阵麦香氤氲飘散，熏醉了我的心房。

"发什么呆啊！跟爷爷下地干活去！"我转过身，只见爷爷已经头顶草帽，颈挂白巾，荷锄于肩，准备下地去干活了。可他的背却是那样的佝偻，双腿上被蚊虫咬肿的红块仍未消退。见爷爷年迈却如此勤劳，我不禁感到羞愧。

"快点儿走啊！你小子可得勤快点儿！今天蚕豆田里的草就包给你解决了！"

我接过爷爷肩上的锄头，提着它一路小跑，丝毫不敢怠慢。到了目的地看准一棵草，就使足了劲向它的根凿去，再抓住锄头柄的末端，轻轻向上一拨，然后猛得向后一拉。锄一棵草虽简单，但锄一片草就有点儿劳神费力了。锄起锄落之间，汗水不知不觉地浸透了我的衣裳，裸露的双臂慢慢变得通红，我好不容易把杂草从土里挖出，此时还得将它们一个个捡起扔掉。唉，太累了。

于是我辍耕之垄上，寻一处阴凉小憩，却望见爷爷仍在麦田里打药水。那灌满药水的塑料桶把爷爷原本就直不起的背压得更弯，长长的软管看似也十分沉重。太阳变得更加狂傲，炙烤着大地上每一个生命。在空中飞翔的鸟儿不见了，树上的蝉儿声嘶力竭地喊着。

可爷爷仍在勤劳耕作。爷爷轻轻地提着软管，使药水均匀地洒向麦苗。麦子笑得更欢，骄阳的炙烤在它们眼里仿佛是一种享受，它们的小脑袋随着风轻轻地点头致谢。又是一波波麦浪随风波动。

我望着爷爷佝偻的背影在一片碧绿中渐行渐远。感觉脸上有些发烫——爷爷一个年近古稀的老人仍坚持勤劳耕作，而我却在偷懒闲玩。于是，我默默地跑回蚕豆田，将一棵棵草拾起……

第二日，爷爷在房门口喊我起床，我在屋旁田地里听见，放下手中的锄头，高声应答道："爷爷，我在这里！"我知道勤劳就是生命中最珍贵的财富。

104

翻过这一页

陈嘉鑫

春风裹着茶香，从窗户吹了进来，翻开了桌上一页书，静静地。我静静地看着眼前发生的一切，想着几天前的事。

那一天，天空上的云朵镀着一层灰色，我从学校回来，粗鲁地将门关上，一个人待在房里。听到父母的声音："这孩子怎么了？"我一声不响地打开书柜的门，站在它的前面，看着满柜的书，拿出了一本新买的书，因为，或许在读书中才能淡化我心里的愤怒与委屈。

明明就不是我的错，可是老师却将责任推到我的身上，是因为对方是女生，还是因为对方是班上的"好学生"？

想到这里，我恶狠狠地撕开了这本图书的包装纸，看看这本书写了什么，是不是能让我的心寂静下来。

不知过了多久，我也将书看到了最后，而大致的内容是这样：一个孩子，她的家中贫穷，父亲很早就去世了，而母亲一个人没有再嫁，含辛茹苦地将她带大，平时对她十分严格，小孩稍有一点儿不符合母亲的要求，就会得到严厉的惩罚，于是，小孩一直怨恨她的母亲，小孩儿也因此开始用功读书，只为了能离开她的母亲。

这本书只有薄薄几十页，可是其中母亲可恶、强势以及女儿的委屈，我却能很深深地理解，因为我想起了我的班主任，他就是这么对我的，我感到我与主人公的心是连通的，我们就像是在苦海中偶然相遇的可怜的人，这份理解与关心估计很少有人能够体会。

我怀着同仇敌忾的心情看到了这句"她的母亲快死了"时，心中本应该产生悲伤之情，却反而有了一种喜悦与解脱。可是，当我最终知道这个"令人讨厌"的母亲，临死之前说出的真相，我惊呆了。

原来，小孩儿的父母早早双亡，是阿姨主动肩负起抚养她长大的义务，她带着小孩儿背井离乡来到大城市，为了告慰她父母的在天之灵，为了抚养她成才，她对小孩儿要求十分苛刻，虽然她知道孩子一定会恨自己，但是为了让外甥女能够有美好的未来，自己哪怕受再大的委屈也值；她很多时候只能一个人，在冰冷的寒夜哭泣。

我一个人呆呆地坐着，合上了书，心中五味杂陈。

第二天，我拖着沉重的步伐来到了学校。早读课下课，老师将我叫过去，本以为又是如雨的批评，可是老师面带愧疚让我坐下，说："对不起，老师知道不是你的错，可是你也要理解老师，她的母亲死了，她的感情很脆弱，而且，她又有残疾……"

听到这里，我只感到眼前一片模糊，书中哪怕母亲的身影又浮现在我眼前……有的时候，生活不会只是一页，不要只被某一页内容左右，可能要不断翻开，不断阅读。

今天发生了什么

王浩源

我在街上散步，天空中飘下点点细雨，街上人不是很多。

但此时，空气却是极清新的，吸一口，如饮琼浆玉液，顿觉心旷神怡，神清气爽，细雨中的花草洗去了尘俗，愈发青翠欲滴。

我纵情享受着细雨迷蒙的宁静与清秀，不想却被打断了。一群青年男女从对面走来，却"未见其人，先闻其声"，一大堆吵嚷喧哗，嬉笑怒骂的噪音铺天盖地袭来，源源不断，一举击碎了街上的宁静，扰乱了路人的清闲。这倒也不算什么，毕竟还没有哪条法规企图禁止人们大声说话，而那些公共场合的行为规范，自然是可以忽略的。他们与我的距离更近了，我这才看见他们一人叼着一支烟，吞云吐雾，好不潇洒。我不想吸二手烟，于是迅速从旁边绕过他们，却狠狠地滑了一跤，凶手正是一块新鲜的刚被扔下的香蕉皮！

我不禁感到愤慨，怒目而视。这自然是无用的，我不得不继续快步离开。没过多久，我就满腔怒气地返回了。

"那些人真是太没素质了，实在是可恨！"一路上，我一边揉着可怜的屁股，一边愤愤不平地想着，不觉又回到了摔跤的地方。

　　出乎我的意料，我居然再一次四脚朝天，仰面摔倒，衣服上沾染了不少地上的污迹，极为狼狈。我顾不得痛苦，一骨碌爬起，怒火中烧地寻觅着"凶手"。定睛一看，竟还是那块香蕉皮！这一切不快，愤怒似乎都找到了发泄对象，找到了替罪羊。于是，我猛抬起右腿，狠狠冲着那可怜的香蕉皮踹去，将其化为一摊香蕉泥。

　　仇已报，怒已泄，我痛快地走了，丝毫不觉得有什么欠缺。将要走远了，我又心满意足地回头望去，看看我的杰作。可是，我却看见了一个路人，小心翼翼地用餐巾纸处理掉香蕉泥。丝毫不嫌弃它的肮脏。离我这么近，想必他是目睹了我的作案过程吧！我顿时觉得羞愧难当，小跑着回到家中。

　　坐在书桌前，我细细回想起今天所发生的事。面对他人的错误行为，我可以制止之，或是弥补之，可我视而不见，仅仅在内心发出几句牢骚。而那路人，却从小事做起，有力维护了环境的卫生优美，简直胜过我的内心谴责千万倍。难道，我们不应该从我做起吗？否则，一切都只会是空话。

　　今天，发生了些什么，但似乎又什么也没发生。毕竟每天都发生着这样的事情。

107

清欢一刻

黎泽平

　　泛看金黄的梧桐叶从空中飘落，栖在稍带些雨气的石板上，很鲜明，但不突兀。棱角一般的叶片尖，每丝脉络都恍若山林。

这种不同寻常的景致从中秋到初冬，都如影随形。雨后天晴，煦日擦拭着路面，留下的或赤或黄的叶片缀在路面上，像碎散的阳光。这是很令人欢喜的景色。每每这时从柏油路上走过，总觉得有些异样。好像走入了奇妙的小径，连沥青中都泛着泥土的芳香。梧桐叶不久就由红变赭，化作泥土样貌，在隆隆碾过的车轮中消失殆尽。金黄的树叶仍不断地从空中飞舞而下，只不过很快就消失在城市里，权作蓝天的背景罢了。

我常常为那些落叶而可惜，为此我便很期盼下雨。在雨中化作马路的标本的树叶，似乎更加夺目而动人。而它们最终也摆不脱被辗至残缺不全的悲惨遭遇，这也使我陷入了沉思。

落叶的凋零，本是无可厚非的事，而这瞬间所包含着的绚丽，却无不令我流连。为此我想起了古人口中所说的清欢，好比《菜根谭》中朴实无华的文字，却被无数文人墨客所传唱，大抵也是因清欢一词而起。我曾认为清欢是随处可见且平淡无奇的，谁知道清欢又是如此的珍贵！我想去追寻，却如细沙般从我手中流出，而又隐匿得无影无踪。

去年深秋，到树林里漫步，一眼望去尽是金黄的落叶，我甚是欢喜，从小径飞奔而去，落叶在我脚下碎成片片，化作金粉，在山林中闪耀。然而再去时，大多数叶片都已变成褐色，再寻不到那之前的景致。

将来的清欢，想必也是转瞬即逝的罢。似古人所说的一朝风月。尽管如此，我仍不愿放弃这一刻的清欢。

清欢的景也许会随着时间变化而消失，而清欢的意境却能依旧长驻于心。就像英国一位诗人的名句：把无限抓在你的手掌里，把永恒放进一刹那的时光。

雨，妙不可言

王泽睿

记忆里，那无数次飘散在时空里的雨，都是如此妙不可言。

童年寄居在乡下的我，对于雨，总不乏深刻的记忆。每入了梅的雨季，空中，总弥漫着雨意。不论是早晨或是傍晚，毫无征兆地就下起了雨，一下便是一整天。雨，笼罩着我和婆婆公公的宅院，也笼罩着那大片大片的田野，更笼罩着我童年的回忆。

雨前，天总是阴沉沉的，压抑得人喘不过气。乌云像墨一般在空中漾开来，伴随着牛毛细雨，像烟雾似的散在田间，烘托着大雨的到来；不经意的，漫天的雨滴就倾倒了下来，落在院子里的青石板上，敲击在屋顶的琉璃瓦上，溅起一片片晶莹的水花。我伸出手，去接住那从屋檐上淌落的雨水，豆大的水滴打在我的手心，清凉清凉的，带着泥土的芬芳。

遥望远处的田野，在雨水密密的笼罩下，显得有些模糊不清。那一抹抹新绿，如烟似雾，好像漫山遍野的植物所富含的生机，都融化在这雨水里了。风从远处刮来，满屋子都是雨水清新的气息。我闭上眼睛，轻扇鼻翼，竟是如此的妙不可言。

住进城市里后，很难再看见那漫山遍野，声势浩大的雨，相对的，我更习惯于用耳朵去听。坐在书房里，打开窗户，让雨声缓缓地流淌进来；拿起一本无关紧要的书，让那油墨的香气并着雨声，一点一滴地沁入我的心里。仔细听，那雨水轻轻掠过窗口的声音，那密密地，弹在百叶窗上的声音，那从树叶间滑过，落在花园石阶的上声音，似乎在编织着一个梦，恍若在诉说着一份情，有如吐露着一片心。就连那一个个的文字，都被这场雨，赋予了别样的意义，变得妙不可言。

静静地用心感受雨，感受到那诗意的雨声。是雨，亦是梦，更是一份来自大自然的平静。

雨，就是如此的妙不可言。

成　　熟

杨嘉驰

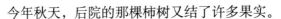

今年秋天，后院的那棵柿树又结了许多果实。

从我记事开始，那个角落里就有一颗柿子树，不算高大，似乎是弯曲的，像是被长年累月的沉重压弯了腰，它的形象毫不起眼。

一年秋天，我下乡去，秋天乡间的空气，只能是桂花的，那浓郁的香气，仿佛要把在空气中的人淹没在这片"海洋"之中。可是，为什么爷爷的院子里没有一棵桂花树呢……我从小就好奇。

一进大门，眼镜一下子就看到爷爷那身影，因为很长时间没有看见他了，急忙快走上前去，叫了一声"爷爷"，他一下就回过头来，满脸的喜悦将脸上那一道道深深的皱纹给撑开了，他放下手中的活，把我带到家中，乐呵呵地削了一个苹果给我，他叫我先坐下，自己又急匆匆地跑出去。

过了大概十分钟，他又走了进来，手中托了一个玻璃盘，上面放着几个金黄色的柿子，放到我面前的桌上，用他那双饱受岁月折磨的手，抚摸着我的头，"吃一个啊，才摘的，都熟了，甜着呢！"他对我说，眼中的期望似乎与他七十岁的年龄不符。我的眼睛又注意到了他脸上的皱纹，一道一道，每一道似乎都向世人昭示着年月留下的痕迹。

啊！我多久没有这样注视着我的爷爷了！

原本一头乌黑的头发，现在却是一头花白；挺直的背在多年的劳累之下终于弯了下来；苍老的手却一直没有停止劳作，依然为这个家送去支援。

这一切不禁让我想起了角落里的那棵柿子树，岁月的沉淀让它成熟，一次次为人们提供果实送去甘甜。

我拿起一个，剥开皮，咬了一口，"真甜！"我笑着对爷爷说。

成熟能够绽放出的是最美的光辉。

在细微的爱里

徐启航

夜深了，雨滴顺着屋檐落向地面，"嘀嗒，嘀嗒"。

我从梦中惊醒，忍不住搓了搓手，往衣服里哈了口气，有点儿冷，看着面前如山的作业，我无奈地苦笑一声，用僵硬的手抓住了台上的笔，继续书写着"春秋"……

"嘎吱——"我蹑手蹑脚地走出来，又轻轻打开灯，突然发现爸爸竟坐在沙发上，身上披着一条毛毯，好像睡着了，听到我的声响，他突然睁开了眼，我们双目对视，我一下愣住了，顿时不知怎么办可好，浑身燥热，睡意全无，甚至连体内的寒气也被尽数逼走，我匆忙走进厕所，洗了一下脸，又快速地逃回房间，坐在书桌前，平复一下情绪，继续奋笔疾书，又想到爸爸还在外面等我，写字的速度不禁快了几分。

"嘎吱——"门再次被推开，我头也没空回继续赶着作业，一杯热茶放到我的书桌一角，冒着热气，爸爸把他抓茶杯的那只温暖的手放在了我的脖子上，我感到了一阵温暖，看着我作业本上一个个龙飞凤舞的字，轻轻拍了拍我的肩，我转过头，看到爸爸的眼睛，他的眼睛中流露出丝丝的疲惫，但我又分明看到殷殷的希望，我理解了爸爸目光的意思，继续低下头去完成我的作业，字迹工整了许多。

心中想着父亲的眼神，作业很快做完了，有些疲劳，回过身去，父亲不知何时离去了。我端起桌上的茶杯，虽已不冒热气，但还是从手心处传来温暖，放在鼻前，深深地吸上一口，那清香顿时使我神清气爽，那香味沁人心田，吹去浮在水面的几片茶叶，我喝了一小口，入口时还有一点点苦涩，接着，就尝出了醇香，这种醇香仿佛已经积淀了千年，随即，咽下去一股暖流穿过了我的身体，使我的身体温暖了，更让我的心灵去除了一丝寒意。

我躺在床上，回忆着往事，体味着爸爸那细微的爱。

窗外的小雨还在继续，随风潜入夜，润物细无声。

如果我能走进书里

李大为

秋日的夜里，拉开窗帘，让浸润着星光的微风透过窗口的空隙。点一盏淡定的灯，泡一杯清雅的茶，轻轻翻开那些许褪色的封面，我缓缓迈进文字的疆域。

走进鲁迅的小说，悄悄跑过乡下的田地，借着微弱的月光顺着野草伏倒的痕迹，我一点儿一点儿向前迈进。风把细小的交谈声吹入我的耳里，我抬起头向不远处望去，两个小孩儿肩并肩地正往我这走来。我赶忙弯下身子，屏住呼吸，默默地注视着他们。忽然，一声清脆的"迅哥儿"传到我的耳里，我吃了一惊。眼见其中一个孩子皮肤黝黑，脖子上的银环在月色下发着亮光。那莫非是闰土？旁边那个，难不成是迅哥儿？他们是去偷瓜吗？我又惊又喜，悄悄起身，跟着他们向前走去……

跳出鲁迅的记忆，我又循着龙应台书中的小径，走到了异国他乡的小镇里，望着四周不同的风景，我只得混在人群中向前走着，不知不觉，一个推着婴儿车的女士出现在我眼前，她缓缓地向前走着，每一步都走得很稳、很扎实。车里的婴儿把他那肥嘟嘟的脸蛋儿伸出车外，四处寻找着，张望着，时不时用细细的、软软的声音问这问那，妇人笑着回答着他，声音也很软很轻。

徐徐的微风吹过，轻抚着婴儿车里小孩儿棕黄色的小卷毛，掠过妇人乌黑亮丽的发梢，空气中似乎漫着一股不知名的花香味。是春天吗？天空似乎才被雨水冲洗过，碧蓝如水。妇人稍稍停下了脚步，享受着明媚的阳光。小童把头伸出婴儿车外，清澈的大眼睛里盛满了清澈的天空。这时，妇人用手轻轻拍着小童的卷毛，轻轻地，像哼唱一般地说着："草长莺飞二月天。"紧跟着车里传来含糊不清的声音，原来是孩子有意无意地学着母亲。

"拂堤杨柳醉春烟。"

"儿童散学归来早，"

"忙趁东风放纸鸢。"

妇人已陶醉在这诗情画意的春天里了。"妈妈你看狗狗，狗狗！"小孩儿又惊奇地叫了起来，打断了妇人的思绪。妇人推着车，稳稳当当地向前走着。下午的阳光洒在路上，浓得像花生酱一样。

合上书，把头倚在椅背，慢慢地，把那不同寻常的记忆，一条一条地理顺，并永久珍藏在心底。

成 长 日 记

张小宇

9月1日　星期四　天气：阴

进入了新教室，见到了新的班主任，姓李，个子不高，脸上架着一副灰蒙蒙的眼镜,乍一看似乎难以知其喜怒哀乐。两片干瘪而略紫的嘴唇紧抿,嘴唇下部的内陷和突出的下巴定是缄口不言的产物。每日一电脑不变,褪色而整齐的外套和一尘不染的旧皮鞋大概是中年人的标配。叹一口气,我将失望咽下肚去。

9月12日　星期一　天气:阴

也许是昨天晚上辗转难眠的缘故,又或许是班主任的数学课过于枯燥无味,我有些昏昏欲睡。眼皮欲睁、欲闭,而班主任上课的话语,似波纹上的倒影一般模糊,如风从远处飘来的只言片语。突然,惊堂木响处,众皆战栗,黑板擦落地,人人失惊。众人回望,我已立于教室之后。

下课了,众人作鸟兽散哗然而散,老师径直走到我的身边,我知道,他不会理解我的难眠。沉默。看着他方正的,离开的背影,我知道,我成功了,沉默是最好的武器。

115

9月22日　星期四　天气:雨

又是数学课,仍旧是这种步伐,依然是古板的姿态。我把头撇向一边,不期撞见了窗外的雨。我喜欢这雨,淅沥而下,作串珠沿青瓦边顺次滴落,天地、苍穹,笼罩一片烟雨之中,朦胧一片,雨滴落地的刹那间迸出一星半点令人悸动的微亮,我似乎可以想象出那艳丽的日,那青瓦上氤氲的水汽,那凭地而生的泪眼蒙眬。

我看到老师走了过来,想躲避已经来不及,肯定又要被瞪眼了,可是,出乎意料,老师竟一笑走进了教室。窗外的雨,好似温柔了许多……

深藏心底的那朵花

9月29日　星期五　天气：晴

踏着一样步伐的老师，穿着不变衣裳的老师，竟反常地讲起了笑话。众皆开怀，这笑，似一个喷嚏扫尽五脏六腑之浊气，顿时神清气爽，耳聪目明。

也许，我应该试着，重新认识这位看起来古板的先生……

成 长 日 记

陈茂源

116

祖父喜读历史书籍，这我从幼年便已知道。父母工作忙，我便总是和爷爷在一起，一间屋，一块田，几卷书，便构成了我的整个童年。

不知为何，祖父格外喜爱一位叫王守仁的人，他种完了田，便把我抱到他的膝上，给我讲述王守仁一生的种种传奇。从祖父絮絮叨叨的讲述中，我渐渐得知了许多有关他的事情：对着竹子恪了整整七天结果发烧生病；取娘子当天和道士谈经论道，结果找了一天才在树下找到正在打坐的他……我心中不解：他有些"愣头愣脑"的，运气也不好（生逢乱世），为什么祖父会喜欢这样的人呢？面对我的疑惑，祖父只微微一笑："源儿，别想这些伤脑筋的事了。喏，你不是想吹'竹笛'吗？走，我做给你玩。"

"竹笛"是祖父自己倒腾出来的。从后院竹林中砍一根竹子，取食指那般长的一段，在吹口处插一竹叶，便能吹出不成调的曲儿。我吹得断断续续，祖父却吹得浩荡悠长。那时阳光正好，在微风的剪裁下化作一束束的金线，照在后院里，照在祖父和我那惬意的心里。

　　时光飞一般的流逝，我到了读书的年龄被父母接了回来。转眼就是小升初考试，我在进行复习时却不住地想起祖父的故事，祖父的竹林，还有祖父宽厚的怀抱……恍惚之际，耳畔又传来了祖父那悠然的笛声。我很难静下心来复习，一日，走进书店，翻看着一本本图书，突然，一个熟悉的名字跃入了我的眼帘——王守仁！不知为何，我的心竟跳如擂鼓，脑海中浮现出一幕幕场景。带它回去读吧，我心中下了决定。

　　到家后小心翻开，我一字一句逐行阅读：他被流放到贵州龙场那荒芜大凶之地，却能悟出震惊四海的心学； 手中兵力不过数万，却能打败了名噪一时的谋逆之贼；皇帝不务正业，纨绔任性，为了自己之私竟要放了那反贼，他公然抗旨，与皇帝激烈辩论……我突然明白了祖父的期盼：你或许可以一生碌碌无为，但一定要有王守仁般的气节，人不可有傲气，但一定要傲骨……

117

　　复习异常艰苦，压力总是很大，但耳边似乎常常感觉有爷爷竹笛悠扬的声音，于是，浮躁之心便慢慢得到了安抚。

　　考试异常顺利，妈妈将我送回祖父的家，让快乐早一点儿传递给爷爷。那一日阳光灿烂，竹林飒飒，我坐在爷爷的身旁，感受清风吹拂，鸟语花香。

成 长 日 记

林晨成

假期里，我总是会去爷爷奶奶家小住几日，那里有着我成长道路的点点滴滴，并深深地留在我的记忆中。

我小时候，十分幼稚而又调皮，常常喜欢拿了一把小水枪，或一根小木棍在院里疯玩。有一次，我玩着玩着，得意忘形起来，用小水枪隔着门上的纱网，把水喷了爷爷一身。我的爷爷可是个火爆脾气，溅了一身水的他怒气冲冲地拉开门冲出来，狠狠把我教训了一通，水枪也被他摔坏了，吓得我半天没敢吭声。过了一会儿，爷爷坐到了我的身边，说："爷爷刚才太急躁了，不该摔了你的枪。但你这样做也是不对的，为了自己玩得开心，把别人的衣服弄湿，这样好吗？"这是他对我最初的教育，教我做事不能只顾自己快乐而影响他人。

等到我大了一点儿，便喜欢跟着爷爷去街边看人下棋。看到他们下棋，我的心也痒痒的，便缠着爷爷教我下棋。慢慢地我会下棋了，但没法和爷爷比，所以，我每次都是输给爷爷。我不喜欢输的感觉，一输便耷拉着脑袋生闷气，有时还会淌眼泪。爷爷便静静地看着我，等我眼泪流完后，才说："你看，下棋好比打仗，棋盘就是战场，打仗有输有赢，下棋亦是如此，输了就用哭来解决吗？胜败乃兵家常事，胜了不骄傲，输了不气馁，这才是大将风度。"我在爷爷的不断的教育下，慢慢明白了。之后能够做到即使输了，拂去残局，再来一次。虽然还是会输，但我不再气馁，不再流泪。我用一种乐观的心态去看待输赢，在胜与败的交锋中，我的棋艺也大有长进。

爷爷有时带我去四舅爷爷家串门，经过一大片田地，里面有一大片一大片的庄稼，绿油油的。我年少不知，指着地里的植物对爷爷说："爷爷，这韭菜长得可真好，真多。"爷爷笑了，说："这可不是韭菜，这叫小麦，你吃的面条、面包、饼就是用它做的。"说着，还仔细的和我讲解了小麦和韭菜的区别。自此以后，我就没把韭菜和小麦搞混过。

现在想起来，真该感谢爷爷，他总是在生活的点滴中，教会我一些做人做事的道理，我在爷爷的陪伴下渐渐长大成人。

误　会

魏丽丽

他，又瘦又高，好动得像只猴儿，瘦得腮帮都凹了下去，头发常因汗水而根根立在头上，眼睛却格外有神，若真诚地盯着你，你都很不好意思。

因为好动和冲动而常常惹祸，对于熟悉他的人来说，不过家常便饭，若不惹祸，还奇怪呢！

教室明亮的窗户旁立了一排同学自己带来的盆栽，个个都精神矍铄，尤其是那株小仙人掌，身上的刺根根直立，刚劲而坚毅。不料有一天，仙人掌的主人委屈地告诉老师，她的仙人掌被拔了。走近一看，虽然仙人掌仍在，但根早已脱离泥土，损伤较大，脑袋也耷拉了下来。老师的怒火在脸上弥漫开来，我们见情况不妙，立马坐得端端正正。

老师的声音低沉下来："是谁干的？"

空气瞬间凝固了，压抑得几乎喘不过气来，大家面面相觑，内心却似乎已有答案。教室一片寂静，没有人承认，老师的目光从我们脸上扫去，如刀般尖利，那个罪魁祸首一定被割得疼痛难安。最后老师的目光落在了他的身上，我们的目光也随之转移过去，他仍一脸真诚地望着你，一脸的懵懂。

老师的声音又低了几分："为什么不承认？"

他无辜的眼神实在让人不忍心责备："我没有！"

老师似乎认定了目标，死咬不放："不可能。"

"真的没有！"他似乎也生气了。

老师把他叫到了办公室，不知他的结果如何，但没有一个人为此而担心，因为他回来后，一切如常。

过了几日，大家几乎忘记了此事，而老师上课时却点名让他站起来，诚恳地向他道了声："对不起，我误会你了，当初不该如此草率。"

他羞涩地笑了笑，打心底原谅了老师，仿佛在说："没关系，我不在乎。"

这件事从当初的误会，到现在的双方握手言和，总算有了个美好的结局。

临近考试，他一改过去好动的特点，静下心来努力复习，如同变了个人。

糖果色的天空

　　童年是一个美丽缤纷、五彩斑斓的梦，像火热的太阳，如安静的弯月，似满天的星辰。她美丽恬静，笑得如竹尖尖上的糖葫芦，酸亦是甜，苦亦是甜。糖果甜蜜了童年，文字书写着童年，记录下道不清的情感。

芦荡鹤影

张睿洋

　　秋季那轻柔的风是令人舒爽的，不说夹着稻香，或是和着丰收的喜悦，总是有吹遍草木时那让人心旷神怡的瑟瑟声响。

　　眼前便有一片无垠的芦荡。隐隐约约可以听到芦荡里的流水声，影影绰绰可以看到芦花的飞扬。

　　天穹的高远和深邃，并非辞藻所能形容。虽然有漫天的云彩，但却将天幕遮蔽得恰到好处——少了，则为空洞；多了，则为拖滞。柳絮一样淡淡的，轻纱一般的云，与其说它是天上的云彩，不如形容它为朝雾；或者直接把它比作飘上天幕的芦花。这一切都是予人以无限遐思的，尽管它静默得没有一点儿声音。

　　远处，也就在天际上，似乎有一抹绛紫的，或是橘黄的晚霞，藏匿在芦苇荡的芊芊细草之后。突然，芦苇荡里腾飞起几只白鹤，它们没有迎风长唳，没有仰首长啸，只是展开艺术品一般的双翅，飞舞起来。

　　不知为何突然觉得这天穹像大海了，或许那云彩也是白浪的化身；但那些白鹤，又是大海中的什么呢？它们不是扬帆的船队，因为它们更加空灵，更加敏捷；它们不是飞翔的海鸥，因为它们更加纤细，更加优雅。

它们的纤足，好像梅干的奇崛曲折，又如竹枝的刚健挺立；它们的羽翼，好像芭蕉叶的魅影，又如九天之云霄；它们的脖颈，好像弯曲的玉如意，又如远洋帆船高耸的船头。它们是轻风的驾驭者，它们是蓝天下的漫游者，它们也是自然中优雅的精灵。

　　白鹤飞翔一会儿，冲上云间，冲上天际或是盘旋者，轻轻地把脚一掂，稳稳地立着另一丛芦苇中。风把芦苇的花穗抚来抚去，好像在为秋天和白鹤轻唱浅吟；云彩偶尔飘动几下，仿佛是模仿鹤的舞姿，再悠悠地停下。

　　芦苇荡里白鹤的身影看得总不大真切；鹤唳也听不到，大多是被芦苇的瑟瑟之声掩去了。

鹤舞轻风

孙　玮

　　淡淡的白云在天空飘着，大片大片的芦苇在风的吹拂下，摇晃着，摆动着，突然摇得厉害了，好像摇摇欲坠似的了。一声冗长的声音在风中响荡。两只鹤好像不约而同，拍打着翅膀飞起来了！掠过大片的芦苇，在蓝天的映衬下露出漂亮的剪影，也许是因为那几个鹤带了头吧，更多的鹤飞跃起来，就这样画面被定格了下来，所以每次翻到这幅图片总有清醒，自然之感。

　　仔细观察这幅画，你会看到那一只只鹤伸长脖子，好像在寻找些什么，长长的喙，长长的腿，添了几分灵动，它们双翅上的羽毛洁白，清晰。

仿佛能感受到风的吹动，和飘动的清新的空气，仿佛能听到鹤的长鸣，仿佛觉得它们随时都在动……

书中有一篇右诗这样写道：高竹笼前无伴侣，乱群鸡里有风标。低头站恐丹砂落，晒翅常疑白雪消。转觉鸬鹚毛色下，苦嫌鹦鹉语声娇，临风一唳思何事？怅望青田云水遥。这就是鹤，曼妙，灵动。

可是社会的迅速发展使生态环境遭到了严重的破坏，哪里会见到这样的鹤，就连大片大片的芦苇丛也难以寻觅，难道我们以后只能在图片上，书上看到这些动物？难道我们就不能停下手头的工作，看看在我们口中现代化的哪里还有灵动生命的活跃？自己天天为了利益而奔波忙碌连一丝呼吸空气的时间都没有嘛？连看一幅图片的时间也没有吗？

清风鹤舞，这幅图片，我会一直记得！

124

鹤舞轻风

彭伟康

世界的某处有片芦苇荡，这里没有贪婪人类的足迹，也没有毒蛇猛兽的碲印。生命和谐地相处着。"她们"是这里的主宰者，这里也是"她们"的天堂！"她们"是谁？"她们"就是丹顶鹤。

寒冬被一阵暖风吹散，春意从湖中央开始向外延伸，芦苇荡上的芦苇借助这阵风，纷纷昂起了头，爆发出积蓄了一个冬日的生命力。

瞬间，成株的芦苇立了起来。她们挺起瘦瘦的茎秆，直指天空。一轮新日从东方缓缓升起，大如车篷，光和热就从此处散发。芦苇们在光的普照下被调动起来，酣畅淋漓地舞蹈着，那白色的苇白更是犹如少女的手巾，撩人心魄。这就像一场仪式，一场对太阳表示尊敬的仪式。

"嗝——"。随着芦苇荡里传出一声尖锐的碃叫，所有芦苇都停下了舞蹈，毕恭毕敬地弯下了腰，就连太阳也似乎也被这叫声所震颤，抖落了一层光辉，化作彩带飘下——芦苇荡的王者——丹顶鹤醒了。

一只接着一只，在发出一声长啸后，丹顶鹤们在芦苇荡的各处伸长自己的脖子站起，一下子高过了芦苇。此时，这群"思想的芦苇"无不将头埋得很低，就像是丹顶鹤的"仆人"。高傲的丹顶鹤没有理睬这些"仆人"，只是不约而同地张开雪白的翅膀，面朝着太阳，单脚支撑着水面，另一只则从六十度弯曲，收在腹间，尽显贵族神色。从他们足下仰望，那平展的翅膀与挺立的躯干构成一个"十"字，也许是在晾晒自己的羽翅。高高的蓝天上，密铺着一层棉絮般的云朵，像给天空包了一层棉被，丹顶鹤洁白的身姿融于这蓝天白云之中，就像圣洁的天使，唯一与天空不相配合的，就只有她那顶红如血的"帽子"了。看到这番景致，不禁让人联想到白居易的那句"低头乍恐丹砂落，晒翅常疑白雪消"。

朝气蓬勃的太阳，一跃跳离地平线，到达了广阔的天空。丹顶鹤们纷纷收起了自己的翅膀，静静地等待着什么。又一阵暖风，越过万水千山，来到了芦苇荡上。丹顶鹤们再次昂起了她们长长的脖子，发出了欢快的叫声，刹那间，几十只丹顶鹤舒展开翅膀，扑棱两下便腾空而起，齐刷刷向上冲去，就像离弦的箭。她们飞到一定高度后，又纷纷调转身姿，朝北飞去。成群的丹顶鹤占满了整片天空，有的直线向前冲去，有的向下俯冲，快到水面时突然抬高仰角，用脚轻点芦苇，又似风一般远去；还有的轻展羽翼，在鹤群中穿梭自如，像顽皮的孩子。

太阳终于霸占了整片天空，也用阳光牢牢锁住了这片芦苇荡，但是它无法锁住自由的丹顶鹤远去的背影。

鹤舞轻风

杨 一

鹤是美丽的动物，看着那些腾空而起的鹤不禁有一种轻风拂动的感觉。

尽管它们的身影是黑色的，却仍引起我无限的遐想。它们拥有着宽大的翅膀，流线型的身体，一片片洁白的羽毛像细细长长的花瓣，让人感到柔软、舒适。又高又瘦的双腿给了它鹤立鸡群的风范，头顶的一点红色更显现出宝石般的光泽，给人以图形美和艺术美的享受。

鹤是神奇的动物，人们常把它们称作"仙鹤"，传说中那些得道神仙的都是骑着仙鹤来往的。我不禁再次看了看那些仙鹤，天边五彩的霞光与头顶上清澈的蓝天似乎给那敏捷、矫健的黑色身影染上了奇光异彩。在天地之间广大的舞台上，它们轻盈地舞动着，更给它们增添了一份神秘。

鹤是优雅的动物，它们时常单脚站立在水中，微闭着眼睛，等候着小鱼的到来，那种神情，安静又显得孤傲。有时高高昂起头，拍打着翅膀，似乎向往着蓝天，没有一种姿态不让人感到优雅。

鹤是高洁的动物，白居易赞美鹤："高竹笼前无伴侣，乱群鸡里有风标。"这是鹤孤高的性格与超凡的风姿的真实写照，除此之外，古人还有"梅妻鹤子"的生活情趣，更加给人一种高洁、孤傲的感觉。

鹤是有灵性的动物，它们无时无刻不向往着蓝天，它们不愿与鸡犬威武，更不愿被牢笼禁锢，它们是自然之子。

我注视着那些鹤在嬉戏着，它们不停地张开宽大的翅膀，舞动着轻风，飞翔在广阔的天空中。

那一次，我沉默了

笑　笑

我们正准备吃时，门铃响了，我颇不情愿地打开门，待看清门外之人时，却立刻惊喜地叫了起来："叔叔！"

来者一身警服，微笑着走了进来。父母急忙邀请叔叔坐下一道吃晚饭，他却笑着摆摆手："不用了，我来这里是处理件事情的，想到你们也住在这儿，所以就过来看看。"父亲一听，脸色微凝："又发生了什么事啊？"叔叔说："没事，破起来也不费神，所以我就一个人过来了。"我越听越奇怪，忍不住插嘴道："叔叔，到底发生了什么事啊？"叔叔叹口气："警察局里最近老接到自行车不见的报警电话。每次正要派人查，却又发现了车子放在另一栋楼房的门口。偷车贼估计是个年轻人或是什么行为艺术家，不偷好车新车，专门挑旧的别人还在骑的车。虽不是多大的事，但传出去终究影响不好。所以警察局就派我来看看。"

"那么这该怎么查呢?"我有些疑惑。"这很简单,就是要挨会儿冻,"叔叔喝了口水"晚上仔细盯着就好了。"这么简单?我喜形于色:"我去我去!"叔叔本来想拒绝,但看我一脸坚定,终究还是没说什么。

抓人出乎意料的顺利,但结果让我却吃了一惊,这是一位老人所做的事。这位来人胡子凌乱,两眼混浊。更令我大跌眼镜的是,当我叔叔正酝酿着措辞想请他去警察局时,他却主动伸出了手:"去警察局是吧,快点儿。"硬生生将叔叔即将进出口的"请您到警局里一趟"给咽了下去。

警局,审讯室。

叔叔还没有来得及询问,那老人便把自己的身份证拿出来:"自己看吧,上面都写着呢。"叔叔好像被老人的理直气壮给噎着了,愣了半晌才接过身份证,"唰唰"地记录起来。记完后,叔叔扫了一眼审讯纸:"可有家属?"老人沉默了半晌,掏出手机:"喏,打了几千遍那一个。"叔叔连打了几遍,空号。叔叔像是明白了什么,抬起头望着他,似乎有几分动容。

我似乎明白了什么,这个老人"醉翁之意不在酒",天天偷自行车,就是为了让警察帮找儿子。我想生气,但又生气不起来,最终叹了口气,不再说话。

老人的确骚扰了大家,但毕竟没造成什么实质性损失。再加上寻儿心切,叔叔便让老人在外边等着,我透过窗户看老人,他正靠在长椅上,好像睡着了。惨白的灯光洒在他身上,越发显得他身形瘦小。我没来由的一阵心酸,硬生生地转开视线不再看他。

叔叔和其他人找到了他那个儿子的资料:现任上海一公司经理。叔叔拨通了电话:"喂?为什么你父亲给你打电话你都不接?你以为是骚扰电话所以换了号码?无论怎样,你应该打个电话呀!你知道他有多担心你吗？请你在近期抽空回家一趟看看你父亲！"叔叔挂了电话，勉强挤出一丝微笑："您儿子最近会回来看你了，您先回去吧。"他感激不已，道谢之后蹒跚离开。

我默默地抬起头，望向窗外，月色朦胧，一片寂静。

徘　徊

马　玉

老师悄无声息地走进教室，腋下夹着一叠试卷。"这节课考试。"掷地有声的话音伴着传试卷的纷杂，传遍了教室。

奋笔疾书的摩擦声随即响起了，修正带的刺啦声也接连不断，这些声音在同学们的心里掀起了又一次手足无措。

渐渐地，四版试卷，大多数人已写至一半，跌跌跄跄地跨过前面的荆棘，执笔的勇士们，将面临再一次的考验。我丝毫不惧，雄起起，气昂昂，颇有些"数风流人物，还看今朝"的意味。

做至最后一版，来到最后一个大题。"沙沙"人群开始不安了，甚至在一小片区域躁动起来，嘈杂之声有如蚕食桑叶般不绝于耳。我也开始不安起来，心中泛起毛线球一般的杂乱思绪，欲细细理之，却又将整个人都缠绕进去，无法自拔。欲弃之不理，抛杂念，静心丁眼前的数学题目，这剪不断，理还乱的思绪啊，却又急急地挽上你了，仿佛又有些依依不舍，拉拉扯扯，难以放手。

沙沙……

时间于沙沙声中流逝，只剩下十分钟有余。与题目缠斗之时，忽惊心于躁动之声的渐弱，以至于泯灭。抬头，只见一张张小小的纸片，正在前后左右间传递。这些人，似乎丝毫没有做贼心虚的意味，即使与人对视，也只是一笑了之，继续明目张胆地传递着纸片；我惊讶地看着他们，他们却对我视而不见。

我心惊于他们的泰然，继而又自个儿踌躇起来了。因为眼前这题，我定是绞尽脑汁也难以有一星半点儿的思绪，这战斗，基本已是败局难免。而我那焦急的父母，又是多么渴望在九十五分以上的名单上见到他们孩子的名字；而我，又是多么需要一个契机来证明我自己啊！若是也参与这样的交流，也许会得到一个光鲜的分数，但内心却定是要经受更痛苦的折磨。考试本是一个检查自我，改进自我的良机，如果做一些掩耳盗铃、自欺欺人的事，那么还有什么意义呢？

我最终坚持了自我：于我而言，这些不甚光彩的事，是不值得自己在做与不做的过道间徘徊的。望着有些人胆大妄为的行为，我嗤之以鼻。

130

收卷了，望着空空如也的最后一题，我叹了一口气。

没有徘徊，我堂堂正正地走向讲台，开心地走出教室……

笑　　容

林　一

清明节，我去给已故的外婆上坟。

那天，天阴沉沉的，飘着细细的雨，老天看着公墓中哭泣的人们，也仿佛跟着他们一起慢慢流泪。地上泥泞不堪，无数的人淌着泪进去，又有无数的人流着泪出来，这儿始终是个伤感的地方。我和那些人一样，也带着伤感，走向外婆的墓碑。

外婆的墓在一片松树林前，庄严而肃穆。墓碑十分洁白，外婆的照片镶嵌在碑上，照片上的外婆依旧满面笑容。我默默站在墓碑前，看着照片上的外婆对着我灿烂地笑，心头更生一阵哀伤。

小时候，外婆对我很好，她总是像照片上这样，满面笑容地看着我与弟弟嬉笑打闹，看着我在妈妈的搀扶下摇晃着走路，看着我在阳光下奔跑，在幼儿园中玩耍……可是，她却在我不到十岁时病倒了。大人说外婆得了癌症，是肺癌，我不知道这病多严重，但我发现外婆渐渐地不再能够到处走动，后来被迫躺在医院里，最后身上接满了各样的仪器。可每当我们去看望她时，笑容总是浮现在她的脸上，经久都不会散去。我那时还不懂事，总是握着外婆的手，好奇地看着夹在她大拇指上的夹子，觉得稀奇。直到有一天，外婆不在了，我才明白，外婆不会再出现在我面前，对着我笑了。

131

眼前的墓碑提醒我：外婆已经永远地离我而去了，墓碑上外婆照片中灿烂的笑，已经被永远定格了。我把一盆花摆到外婆的墓碑前，喃喃地说："我不会哭的，不会哭的，我要在您面前微笑，让您放心……"

天放晴了，一缕阳光照射在照片上，照片上的几粒水珠光芒四射，让外婆的笑容变得更加灿烂。面对着外婆的笑容，我带着泪微笑。

外婆走了，这是不可挽回的事实，但我要像以前的外婆一样，将笑容留在脸上，把自己的笑容展现给世界，让世界充满乐观与幸福。

孤独的老人

邹　雨

　　小区的路口在一夜之间窜出了两根铁棍，矮小但坚固地立在那儿，阻碍车辆的快速来往，人们走到这儿不得不缓慢穿过，抑制归心似箭的心情，不一会儿，路口已挤了不少车辆，于是热闹了起来。

　　夜色渐凉，月亮慢慢升起来了，它在广阔的天空闪着寒光，却显得十分安静。

　　从嘈杂的马路进入宁静的小区，总算让人舒了一口气。远处的小巷口走来一位老妇人，牵着一只小狗。老妇人戴着帽子，却也能依稀看见她那灰白而黯淡的头发，个子不高，也符合中老年人矮矮胖胖的体态。只是在线另一端的小狗，活蹦乱跳，东窜西跑，活像个稚气未脱的小孩儿。一老一少，在星光下缓慢散步，却格外和谐。

　　我转过一个弯来正好与这位老妇人同路，小区门口人声鼎沸，小狗见着新立的铁柱，好奇地直摇尾巴，兴冲冲地奔向它，用那黑豆似的鼻子不停地嗅，老妇人将就着挤过车群，让它带到铁柱旁，见它久久不离，就默默注视它，周围的人聊得正欢，一个也没注意她。

　　我向门口走去，耳边却响起了意想不到的，慈母般温柔的声音："这是拦车子用的呢。"这声音是多么亲近，猛地一回头，寻找声音的来源，不错，只有这个老妇人了。可在我的观念里，这样年纪的人声音多少有点儿沙哑，可她就是个例外。在我正疑惑时，老妇人竟然回过头来看了我一眼，霎时间，四目相对，我看到了一双充满孤独的眼睛，但眼神里又流露出一种平和，在这喧闹的世界中显得十分安详。

我这才想起她那顽童般的小狗，一般也只有孤独的老人才会养些宠物，当作孩子，当作伙伴。还有那温柔的声音，明明是只有在母亲与孩子说话时才有的语气，温柔地叩击心灵。想必这老妇人定也孤独得很，却无能为力，只能坦然面对。

我内心突然隐隐作痛，抬头看看月亮，感觉它凄美而孤独；蓦然回首，车辆的拥挤已散去，安静的小区门口那个矮胖的身影却依然独立。

她不是迎接家人，而是看别人回家。

留　香

133

王　辰

深秋，云端之上洒下大把阳光，亦是大把的香。

"这样的天气，晒被子是再合适不过了。"婆婆说罢，转身便去搬被子，一刻也闲不住。我懒散地坐在阳台上，微微点头，算是同意。夏日阳光的锋芒毕露已变成秋日里的温润如玉，满屋阳光，香亦满堂。没错，是香，藏匿于每一个阳光能到达的地方。

晒着的棉被上，秀着大朵大朵的红牡丹。艳艳地开着，欢天喜地。可真是躲藏的好地方。阳光洒在被面上，艳红之上，又是一层闪耀的光。低头，把整个脸全埋进被子里，绝对会发现阳光的香。细嗅，暖而纯粹。抑或带来各类的鲜花，又或捎上了各地的草木，不远万里，跋山涉水而来。反正它们在阳光中微微酝酿着，散出阳光独特的香气，氤氲于每一寸阳光遇见的空气中。不要以为这香只是片刻的罢了，晒过的被子，染上了香，便深入了每一片柔软，一冬天的时光，即使窗外寒风凛冽，屋中也亦是满堂的香。是被子留住了香。

被子是婆婆晒的。被面儿也是她喜欢的颜色。晒被子的婆婆，脸颊上飞着两片红晕。艳红的被面，像极了婆婆所持的家——红红火火，活色生香。阳光一点儿一点儿，爬上婆婆的肩，爬上婆婆稀疏的灰发，镀上晶莹闪耀。无胭脂，无花黄，却在举手投足间，有着平常中的不平常。而香呢，悄无声息地留在了她的皱纹中。她总是一刻也闲不住的。拿出织了一半的毛衣来，在阳光下利索低织着。那件毛衣，是为我织的。一丝一缕的香气，一丝一缕的阳光，都被婆婆灵巧的手在一针一线中织进了毛衣。一方暖阳，一捧暖香，就这样留在里面了。待到冬日滴水成冰，穿着，一日日安好。

留住香的，是棉被么？是毛衣么？婆婆在家中打扫，一刻也闲不住。不自知间，在家中简朴的日子，红红火火，活色生香。

牵动我心的声音

李志君

侧耳倾听。海螺在耳边呜呜地唱着，牵动我的心。

一日，四岁的表弟手中抓着一个大海螺，兴冲冲地对我说："姐姐，你听。"我接过，放在耳边。低沉的海螺音传入耳朵，和缓地唱着，像唱了几个世纪。心在不自知间被牵动，熟悉而陌生。

幼时，懵懂的年纪，对一切都是好奇的。记得妈妈送给我一个海螺，笑语盈盈地让我放在耳边。我乖巧地把耳朵贴上。一阵一阵的低吟如潮水般涌来，静谧而美好。我惊住了，小小的海螺，仿佛藏着什么，在我记忆里，留下不可磨灭的痕迹。妈妈见我喜欢，自然也高兴。"这是海螺音呢，"她说，"也是大海的声音。"大海是什么？我在当时是没有概念的。但那阵阵海螺音，不紧不慢地为我奏出，海的模样，也让心被海螺音牵动，梦想远方。

海螺中，缓缓地唱尽了无数个日夜。总记得听别人说过，在海螺中听见的声音，是自己血液流动而发出的声响。开始听说是还满心地诧异，觉得是无稽之谈。后来查阅了资料，却发现真有此事。我一点儿一点儿地长大，记忆里的声音也一点儿一点儿地淡忘，像被风带去的沙，一点儿一点儿消失，不留痕迹。是有意淡忘的吧，我想。失落从四面八方不声不响溜进心底，把记忆里的声音冲得七零八落。然后被新生的杂草，覆盖得看不出一点儿痕迹。海螺音悄无声息，在心中幻灭。

135

直到那一天。正是放暑假之时，妈妈盈盈地笑着："我们去看看大海，去听听大海的声音。"我听了，仿佛看见了我幼时，记忆的闸门忽然打开，铅华洗去，在心的深处，是海螺音呵！坐上飞机，与心中的美好一起启航。海，近在咫尺，海风拂面，海天相连，海浪声声。幼时的海螺，海螺音呜呜地响着，和涛声混杂，交融，呼应着，是真正大海的声音。而这声音又将心中沉睡的海螺音唤醒，纵使风带去多少的沙，刻于心上的海螺音也依然清晰可见。眼前，是似心的碧海蓝天。

这依然清晰的声音，我已失神片刻，手中表弟给的海螺依旧呜呜地唱着，神秘而悠长。记忆里，拔去枯荣了几回的杂草，依然记得熟悉的海螺音，牵动我心，是美好的回忆。现在，我依旧愿听从心海的指令，相信海螺的声音。藏海，藏天，藏着我的一段记忆。纵使时光变迁，童话已慢慢在现实中消失不见，但依然可以在纷扰的心中辟开一个角落，种上遍地美好。

放下海螺，对弟弟说："是海螺音呢，也是大海的声音。"弟弟眨巴着乌黑发亮的眼睛，满脸好奇。心被牵动，仿佛看见了儿时的自己。

海螺依旧呜呜地唱着，牵动心海，泛起波澜。

牵动我心的声音

邹世佳

昏黄的路灯照着清晨正睡着回笼觉的小区，六点的晨风微微摇晃着那淡淡的灯光，似乎要把它送入梦乡。可微醺的灯儿就是迟迟不睡，把这片寂静定格成一张发黄的老照片，仿佛它一直就那样亮着，亘古不变。

"啪！"响亮的一声，牵住了我的脚步，牵动了我的心。慢悠悠去奶奶家吃早饭的我猛地从陶醉中醒来。脚下那若有若无，令人飘飘欲仙的淡黄不见了，周围从暖色仙境一下坠入黑暗人间，压迫得有点儿令人喘不过气来。抬头一望，原来是路灯熄了。

楼梯间那些闪着红光"滴滴"跳动的电表也休眠了。推开门，平日里在厨房内"滋滋"炒着鸡蛋、煎着馄饨的奶奶歉意地来迎我们：

"刚刚停电了，幸好粥烧好了，今天早饭只能喝粥了。"提鼻一闻，平日里那些让人垂涎三尺的各种美妙香味都消失了，只听见粥汤"咕嘟，咕嘟"地响着，一瓶早餐酱孤零零地站在它旁边。"唉——"我们叹息一声坐了下来。吃惯了奶奶准备的美味佳肴，乍一吃白粥，竟有些难以下咽。

太阳终于醒了，懒洋洋地抬起了一点头，总算是有点儿光了。小区里的人也一个个起来了，见着我们纷纷打着招呼："早上好！你们家有电吗？"好像每天大家都这样打招呼似的。我们享受着这样的优待，受宠若惊地答道："早上好！我们家停电了！""哦！"他们和蔼地微笑着，带些遗憾地说："是吗，我们家也是，停电了呀！"大家相互问候寒暄，互相看着对方。从来没发现，我们是这样的亲切。随后，挥一挥手，大家愉快地告别了。

阳光似乎也听到了我们的招呼，直了直身子，做出喷薄欲出之势，但很快周围的环境又重归寂静，太阳也停下来休息般地躲进云层中不见了。"沙沙"声从远处传来，奶奶买菜回来了。两袋子的蔬菜，缺了光照，也显得黯淡失色。我最爱的小青菜变成了令人毫无胃口的灰绿色。"不知道中午电会不会来，我先买了这些。"奶奶满怀希望地望向路灯，"菜市场里的灯已经亮了，我相信一定会有电的。"

137

我们轻轻地点了点头："一定会有电的，可是电怎么还不来呢？"

"啪！"一个声音响亮的牵动了我们的心，所有的脚步都停了下来。又惊又喜地看着周围熟悉的黄光，头顶的那盏路灯亮了。与此同时，大楼里各家的窗户——亮了起来！"啊——来电啦！"我惊叫起来。太阳仿佛也得到了什么信号似的，纵身一跃，出现在了天空！

"啪——"路灯轻声熄了！只留下太阳在空中演绎着恢复正常的生活，烟从厨房里飘了出来。早起上班的人们迟疑了一下，又开始一言不发地埋头赶路。

仿佛什么都没有发生，那牵动我心的声音，在这片大地上，这样时有出现，却也有另一番的滋味。

我与夏夜再见时

赵文钰

夏夜，偶尔从成堆的书中抬起头，看看窗外一方小小四角的黑夜。霓虹灯大块大块成片闪烁着人眼，不知每隔几天，那舞台上的灯光又一次如刃剑刺破一个夜晚，徒添了许多烦躁。

一天晚上，妈妈突然想起床单还晾在楼顶阳台上，喊我去顶楼收床单，我极不情愿地去了。拉开十六楼的隔门，本以为会漆黑一片。谁知，竟看见了泄出一地的月光。我不由自主地抬头看去，天空好像一块巨大的磁铁，牢牢地吸住了我的眼球。

深蓝的丝绒幕上，撒着哪位粗心的仙女散落的花瓣？又是哪个调皮地孩子，将皮球踢出了幕布中央？月亮不讲话，她如一轮纺锤，静静地纺着无限的遐思；群星也不回答，只是害羞地藏进云层，偶尔有几个胆大的，露出半边脸来，俏皮地冲我眨着眼睛。一切都好像一个古老而悠远的童话，美好，静谧，令人心醉。

不知已经多久没认真看过这样的夏夜了，眺望远方群星的我突然想起。大概，是我还没有上小学的时候吧。那个时候，我和爷爷奶奶住在乡下，以蝉为伴，与流水共居。记得每逢夏夜，我总是抱着毯

子，躺在谷堆上看天空，听夏夜讲古老的故事。小小的我在偌大的天空里，只是那一秒，我似乎忘记了自己的存在。无人打扰的原野间，谁也不知道我在想什么，只有夏夜知道。那时的月亮很圆、很轻，冰凉；那时的星星，纯粹，简单，也耀眼……很快，我回到了城里，每日以学业为伴，与车水马龙共居，再也无容下我一人的夏夜了。开始习惯早起与熬夜。这一刻，我又看见了我熟悉的一切！隔着岁月的屏障，我久久地凝视着它，像在看一个久别重逢的故友。她依旧那么美丽，美到让我不禁落泪。我用手伸向她，便是抚摸着她了；捧起一手月光，便是掬她入口，便是吻着她了！

　　一次在乡间，一次在天台；一次在十年前，一次在十年后；一次是幼稚懵懂的孩童，一次是日渐成熟的少年；但是夏夜依旧如初。

　　张爱玲说过："爱上一个人，便是恋上一座城。"爱上一个夏夜，恐怕就是恋上一段美好岁月，恋上一个故友了。时光，你不用慢慢地走，因为我知道，无论何时何地，心中开辟一个天台，我总会与心中的夏夜再次重逢。

以 树 之 名

颜　妍

　　根，紧握在地下；叶，相触在云里；我们分担寒潮、风雷、霹雳；我们共享雾霭、流岚、虹霓。仿佛永远分离，却又终身相依……

　　风拂，树摇，簌簌低语："我将以树之名，与你身旁同舟共济。"听见声响，我急忙地回眸望去——

那是两株树。

两株并排生长、迎风扬枝的香樟。

我走近些看。

两株香樟将彼此的枝干和茎条延伸交织与对方，满目的葱郁掩映着，不留一丝空隙。

我再远些望。两株香樟将树梢埋入对方的臂弯，在风中摩挲出细碎的"沙沙"声，正呢喃着爱的私语——它们好像恋人。

转眼，两株香樟枝丫向上，每一次彼此的抽枝与吐芽，都会带来无尽的欢欣。它们在同片土地上你追我赶，互帮互助——它们又似朋友。

须臾，略高的一株香樟微微倾身，用自己的分枝延伸向另一株香樟，为它遮蔽骄阳烈日，灼热的空气弥漫着它们的淡香——它们恍若母子。

……

风起云涌，吹断我的遐想。

风声猎猎，像一群囚禁许久才放出笼子的猛兽，狂蹦乱跳，恣意践踏脚下的一切。"咔嚓"，折断的枝头被重重地摔在地上，满地残叶翻滚。两株香樟在风中强忍悲伤，互相抚慰，相倚相靠，在狂风的利爪下弯腰躲避。满树苍翠，依旧挺拔。看那彼此的枝干云中相连，根须泥中紧握；即使一株倾斜，也是斜倚在另一株上。

"根，紧握在地下；叶，相触在云里；我们分担寒潮、风雷、霹雳；我们共享雾霭、流岚、虹霓。仿佛永远分离，却又终身相依。"舒婷的《致橡树》倒也应景。不过，这两株香樟不仅仅只有这几句莺莺燕燕，它们见证的许是爱情，许是友情，或是亲情。无论如何，我愿意像它们一样，以同伴之名与最亲爱的人肩并肩，共进退，管他人生的风和雨！

风拂，树摇，簌簌低语："我将以树之名，与你身旁同舟共济。让我们坚守脚下的土地，每一阵风吹过，都为我们致意！"

生　命

陈　意

生命是何时开始的？也许是那稚嫩清脆的啼声拉开了生命的序幕，也许在你不经意间，就有无数生命诞生于世，或是一朵飘散芬芳的小花，或是一颗光滑温润的小蛋，或是一条缓慢爬行的青虫……生命无处不在。

——题记

玻 璃 生 命

生命如一粒金色的沙，一阵清风就能把你吹散，一滴泉水就能把你淹没，生命是何其渺小而又脆弱。

繁华的街市，车水马龙，各种各样绚丽的汽车飞驰而过，行人匆匆。没有人注意，看到刚刚的那一幕悲剧，更没有人驻足去看一眼那躺在地上、早已冰凉的小燕，另一只燕子在一旁盘旋，悲切的"啼哭"。我的心也在滴血，可是地球，依旧在转……刚刚，就在刚刚，它还是那样一个鲜活的小生命，它带着激动、憧憬和好奇来到这里，它刚刚学会飞翔，刚刚体验到活的乐趣，它披着帅气的燕尾服，眨着清澈乌黑如深夜里的星空一般深邃，又泛着点点星光的小眼睛，那圆滚滚的小身子，蹦来蹦去，它左看看右看看，还不时地低下头，啄一啄地面，可还没来得及向伙伴诉说它的喜悦，一阵刺耳的声音便打破了它的美好，它便停止了心跳，这春天的小精灵，就这样陨落了，我的心也在那一刻揪紧，我闭上眼，却看见它的笑容凝固在脸上的那一瞬间……我叹了口气，看着它的身子慢慢冰冷，慢慢僵硬，我的心中充满了凄凉，却又无可奈何。

生命是何其脆弱，像那易碎的玻璃，一不小心，便粉身碎骨；生命又何其渺小，无论你生还是死，地球一样会转。

青 草 生 命

生命如一根极富弹性的绳，无论怎么拉扯，无论怎么煅烧，也许会千疮百孔，但却不会折断。

在每个角落都会有一种十分微小的生命出没，那就是蚂蚁，它们的身子最长也不过 半厘米，对我们来说是够小的了，他们是那么微不足道，似乎我们一根手指就能碾死它们。

有一次，一只小蚂蚁竟爬到婆婆的桌子上，我的视线无意中扫过，便用手指一掀，它便摔落在地上，它不断翻滚着，样子有些痛苦，我并没有在意它，又去做自己的事了，可没想到，几分钟后，它又一瘸一拐地爬了上来，我的眼底闪过一丝惊诧，没想到它竟然还能爬上来！我便又重重地将它扫下桌子，它一下子摔落在地上，几秒钟都没有动弹，我撇撇嘴，也许它死了吧。这时，就在我的注视中，它缓缓向前跌跌撞撞地挪动，我紧紧地盯着它，看着它瘦小却又坚韧的身躯，心中陡然滋生出一股敬畏的情愫，我不禁开始心疼它，又敬佩它。这么弱小的生命，却又能如此的坚强么……

生命是脆弱的却又是坚韧的，像那"野火烧不尽，春风吹又生"

的小草，在它们柔弱的外表下是一颗坚强的心。

"依米"生命

　　你知不知道，在非洲的戈壁滩上，有一种名为"依米"的小花。它没有自然的宠爱，只有荒芜的沙漠，没有他人的称赞，只有无边的孤寂，甚至有许多人认为，它就是一株普通的小草，可它知道并坚信着："我不是一棵草，我会开出最美的花朵！"于是，它奋斗着，它用五年的时间努力扎根、汲水，固执如此，它没日没夜的一点点生长，在它竭尽全力之时，也是它开花之时，也许，在某个清晨，它会开出那样绝美的花朵来，集万千色彩于一身：那红的花瓣如血如霞，像熊熊烈火，散发着温暖；那白的花瓣如雾如雪，晶莹透彻，像初降人世的最高贵纯白的雪花积淀而成的；那黄的花瓣如阳如光，像清晨的第一缕阳光，金光灿灿；那蓝的花瓣如天如海，比天海更要湛蓝！可没有多久，它就要陨落了，花朵和灵魂飘散于无形，它五年来辛辛苦苦的努力在这一瞬就将泯灭……我思索着，小小的依米花啊，用无数的汗水和心血换来这短短一瞬，却也是值得的吧！起码它努力了，它证明了自己！与其在我们短暂的生命中浑浑噩噩，为何不争取这样的明艳呢？！

　　生命如玻璃，不知什么时候轻轻地碰一下，便会哗啦啦碎了一地，那么就让我们在未碎之前尽情展现我们最美的风姿！以最佳的姿态去面对一切悲欢苦难。

　　生命如青草，可以那样坚韧。那么让我们保持一颗坚韧的心，无论什么样的风吹雨打，都能支撑着我们的生命傲然挺立，笑到最后！

　　生命如依米花，美丽的瞬间却无人欣赏，我们的生命虽然像它的开放一样短暂，但无论如何，请坚信着，再短暂的生命也能创造辉煌！

　　生命，就是这样矛盾，但最终还看你的选择，是沉沦，还是进取，是坚强，还是懦弱，是吝啬，还是付出……全看你的选择！

苍　耳

欧阳璞

　　苍耳是乡间极其常见的植物，然而它绝不是平凡的植物！

　　苍耳在我国各地都见分布。它可生长在平原、草地、丘陵等低海拔地区。在较湿润温暖处分布较多。苍耳雄花花序圆而且短，在其上方，花蕊整个被包裹在一只绿色，黄色或褐色的总苞内，可谓"小蕾深藏数点红"。总苞分有许多钩状刺和两个大的角状刺。虽然不如牡丹芍药雍容华贵，也不如夏荷秋菊清丽谦和，但它就像一位慈母，为的是使它的孩子们牢牢依附在人的衣物或兽的皮毛上，可以远走他乡，找到更好的繁殖地。为了生存，不被自然淘汰，苍耳进化出了这么个实用的强大武器。

　　然而苍耳的策略不仅如此。它们根系发达，可深入土壤，这就使它们有了在贫瘠地区也能繁衍旺盛的本领。"站稳脚跟"后，苍耳就会争先恐后地伸出一米多长的茎，这样，它们的果实就有了更多被传递的机会。

　　若有贪嘴的敌人飞来想要掠夺它的果实，它有"化学武器"。苍耳全草有毒，使敌人"退避三舍"。然而它的毒性却被中医视若珍宝。苍耳全草可入药，它对麻风，慢性鼻炎，早期血吸虫病均有较大疗效。貌不惊人的苍耳默默奉献着自己，解除人们疾病的痛楚。

苍耳是普通而又极不平凡的植物。若能仔细观察，使它为人类所用，它必能发挥更大的价值。

刚 刚 开 始

仇涵贝

"身未动，心已远。"唇齿流转间，心神也已漾开，真好，原来，我的心已为行者之心，而我的旅途才刚刚开始。

周日，风轻云淡，我随父母到镇江西津渡古街游玩，游人较少，古街的那份闲散、诗意越发浓厚起来。古屋的墙，皆由青砖砌成，每户人家门口，都挂着一对红灯笼，虽是大红，却不俗气，反而给那斑驳的古墙增添了几分生气。卖小吃的三轮车在街边懒懒地停着，老板娘不紧不慢地做着小米糕，煮着豆腐干，那蒸腾的热气闻着都觉得闲适和满足。

一家人正在街头流连，一抬头，忽然望见一块用带树皮的木片做成的招牌，上面用卡通体写着几个字：柔软时光。"这名字起得不错！"爸爸小声嘟哝着，推开矮矮的木栅栏门，一家人一同走进屋内。进屋才知晓，这是家青年旅社，专门为青年背包客提供伙食和住所。店内装饰极为雅致，大有文艺复兴时的风味，父母在厅内欣赏装饰，我便独自来到屋后阳台上，阳台上几把藤椅随意地摆放着，午后的阳光洒在椅子上，映出柔和的金黄色光，当真是连时光都柔软了。一个青年人坐在椅子上，随手翻看着一本书，面前的茶几上放着一杯热咖啡。"他是背包客！"我心里十分欣喜，这些天，我做梦都想去当背包客。"你好！"我走到他跟前，小心翼翼地打招呼，"噢，你好！"他抬起头，对我友好地笑了笑。我这才看清他的脸，面部轮廓如刀刻，皮肤黝黑。"你是背包客么？"我有些激动。"是的，背包客加写手。"他放下手中的书，显然，他很愿意和我聊天。

"我五年前就开始做背包客了，一路上写些文章，拍些照片，换路费。"他拿出相机，一张张把照片放给我看。"这是两年前去西藏时拍的！"他的声音顿时严肃起来。我心头一荡："西藏，那个圣地，离天堂最近的地方！"一句话脱口而出，不禁头向相机前凑了凑：那是一个穿绛红僧衣的僧人匍匐在大昭寺下，磕着等身长头。他微微一笑，指着照片："我在那时，有个僧人告诉我，面对布达拉宫，只能仰视，面对大昭寺，只能匍匐。"他的眼神忽然飘忽起来，仿佛又回到了那个寺庙前。我顿时明白，他的心，已在一次次旅行中沉静下来，如一朵静静的白莲，清香飘溢。"小妹妹，你也喜欢行走，是吗？"他关了相机，静静地看着我，说："是！"我重重地点了点头，心中一种莫名的感动升腾而起。他拍了拍我的肩："其实，你的旅程，刚刚，已经开始了。"我愣住了。见我没有知晓他的意思，他又大声说："放心，你是个做行者的料！"他拿起桌上的东西，慢慢踱进旅店里。

太阳渐渐西沉，橙色的夕阳把古街包围在一片温馨中，我望着那绚丽的霞光，心中已渐渐明朗，其实旅行时给心灵放的一个长假，如果你的心灵已经开始远行，那么你的双脚便已踏上远行之路。

成长的土壤

孙　萌

眼前闪过一抹绿。

这是一个初秋的普通的周末，阳光明媚。我和父母同往常一样回爷爷奶奶家吃饭。进门前无意一瞥，却不由得停下脚步来。

家门前一个不起眼的角落里，在瓷砖与墙壁的小小缝隙间，一株绿色挤破坚硬的水泥地，探出了小小的脑袋。

我不由得发出了一声惊叹。

蹲下来细细观察，只见它的茎的底部和中部为白色，十分厚实而坚硬；叶子只有两片，绿油油的而富有光泽，阳光为它镀上一层金亮；它的根牢牢地扎在水泥地之中。据我判断，这应该是一株青菜。

一株本应生长在松软、肥沃的土壤里，成为平常人家餐桌上一道最平常的蔬菜的青菜。而它却生长在坚硬的水泥地缝隙之间，顽强地、倔强地绽放自己的生命。

它是从哪儿来的呢？怎样生长的呢？

或许是某次爷爷耕作回来时不小心遗落的一粒种子，落到了这小小的缝隙之间。或许它成长的土壤十分坚硬，但碰巧下了一场雨，这粒种子便得到了充足的水分，随后拼尽全身力量破"土"而出。或许它成长的土壤不能为它提供营养，但它所在的位置恰巧能沐浴阳光，使它进行光合作用，获得供自己生长的养分。或许它刚长出的小小叶片曾被虫子咬去，但它忍着剧痛奋力生长。或许它为了不被风吹倒，将根艰难地在水泥地中挤出一点点微小的缝隙。或许……

我不禁想入非非了。

它的成长的土壤是如此不同，上帝待它是如此的不公，给了它的生命如此多的磨难。但它却仿佛完全不知，从未放弃自己的成长。

或许，正是这不同寻常的成长的土壤造就了它。

如果它的命运和其他青菜一样，也生长在松软的、肥沃的土壤。那它生命的意义也就只不过是和其他青菜一起成了平常人家餐桌上一道最平常的蔬菜。而这株青菜，却倔强地在坚硬的水泥地里扎根、生长，绽放出不一样的生命光辉，从而引起了我的这一番思考，它生命的意义又增加了新的内涵。

世间的人又何尝不是如此呢？

148

所以，请不要抱怨自己成长的土壤是多么的贫瘠，给自己带来了如此多的痛苦。而当我们超越一切而回过头来欣赏痛苦，那一切的侵心蚀骨，却化作回望时的感激与幸福。感谢成长的土壤，让我们的足迹里盛满无悔的歌。

第二次回家时，那一株青菜已有半人高，顶端开出了几朵小小的金灿灿的菜花，阳光下，熠熠生辉。

可是你没有留下来

葛涵斐

我原本以为你可以留下来，可是你没有。

当夕阳浓稠得像棒棒糖，当石板路被温柔的太阳熔得像一块巧克力，当家家做饭的炊烟一片接一片悠悠然升起时，你总会端一张小板凳，拉着我，坐在家门口凹凸不平的石板路上，等着伴夕阳回家的人。

你抱着我，似有意，似无意地呢喃着："我的'叶叶'哦！"其实我的小名明明叫"玥玥"，你总是叫"叶叶"。我转过头，看着你戴着老花镜，轻轻眯上眼的安详模样，是我长大后关于你最深刻的记忆。可那时的我总要反驳："我叫'玥玥'"。

我出生的那一年，你八十四岁，小小的我经常算，算得非常清楚，到我十六岁的那一年，你就一百岁了。

你因为摔跤，已经卧床二四年了，那天奶奶打电话来，我知道终有这么一天。我回家，看见你的气色大不如以前。你瘦骨伶仃，蜷缩得像母体中的婴儿一般，你松弛的脸望向窗外，你依然追寻阳光的方向。我喊你，可你只是无力地眨动着浑浊的眼睛，再也不能叫我"叶叶"了。

那天阳光真好，可我的心早已冰冻三尺。但我还是相信，你会留

糖果色的天空

下来，至少留到我的十六岁，你的一百岁，但我错了。

2015年12月23日，我得知你走了，那种感觉，至今无法形容，话音贯穿耳膜直击心底，一瞬间，感觉心空了。12月24日，平安夜，我参加了你的葬礼。我见了你这辈子的最后一面。12月25日，我永远地告别了你。

你的生命定格在了我离十六岁还差五年，定格在了我的十一岁，我看着你，盼着你，可是你没有留下来。

而我现在只能望着你的照片出神，恍惚间似乎还听得你呼吸时"哼"的声音还在我的耳畔微微回响。亲人的泪滴洒落着，曾经的画面播放着，心中的回忆汹涌着，可是你没有留下来。

你没有留下来吗？不，你留下来啦，你留在了每个黄昏，留在了我的梦里，留在了我的世界里。

亲爱的老太。你只是没有留下你的躯体对吗？我知道，你的心一定留下了，我感受得到。我在这个下雨天，这样想念你。

150

母亲的位置

史家诚

夏末至，烈日似火。梧桐才长出巴掌般的小树叶，连知了都上岗了。看似真是一个好时节，殊不知一波流感来势汹汹。

高烧不退的突然，让母亲对我的病十分重视。一下班，午饭还未吃，就陪我去挂急诊。几番奔波，来到输液室，受疾病光顾的人不少，老老少少，输液座位寥寥无几，好不容易找到两个空位坐下来，母亲就坐在我身旁。

破旧的蓝色皮椅，咯吱作响。盐水的凉气渐渐从指尖袭上我心头，全部表现在我生动的面容上。母亲察觉了这一切，递给我热水和面包。我却一点儿食欲也没有，并不领情，没有一点儿好脸色地将它们推在了一边。正想闭目养神，周围吵吵嚷嚷，天花板上的"静"字显得苍白无力。

恰逢一个熟悉的身影，是隔壁家的小伟，同病相怜的是他也得了流感，总算有人陪我了，欣喜之情溢于言表，迫不及待地招呼小伟在我身边的位置坐下。母亲看到后，主动起身将座位让给了小伟。小伟犹犹豫豫，不知在想些什么。他脚步刚停下，却又抬起，我十分不解。小伟轻轻吐露了一句："这是你母亲的位置。"正是这句淡淡的话却深深地触动了我的心。

"这是你母亲的位置。"

脑海中无数的画面涌现出来：清晨，饭桌上，妈妈的位置永远空着，她的位置在忙上忙下的厨房；午后，沙发上，妈妈的位置永远空着，她的位置被送我上学的步履占据；夜晚，床榻上，妈妈的位置永远空着，她的位置在书桌的一侧，陪我写作业到深夜……妈妈的位置在等待我放学的校门口，妈妈的位置在关心我学习的办公室，妈妈的位置在我身上……

看着母亲让出来的空位——那张破旧的蓝色皮椅，热泪强忍在眼眶中，感慨万千。

此时，身旁的一位阿姨恰好输好了液空出了位置，我即刻拉住妈妈的衣角，对她说道："妈，你坐这位置！"

记住时常给母亲一个位置，一个你爱她的位置，抑或是她爱你的位置。

忍 不 住

曹奕泉

放学，我一直强颜欢笑，走向大门口，看到母亲，再也忍不住，泪水如决堤的江河，一旦流出，怎样也止不住……

快要语文检测，我便向母亲许下诺言，这次，我一定会提升自己，到年级前二十。"行，你实现了，我就请你吃必胜客！"母亲一脸认真地看着我，我自信地笑了……

那两日，我拼命复习，来到考场，面对那份雪白的让人炫目的试卷，我不断地调整呼吸，使自己的状态达到最佳。前面的答题挺顺利，终于到我不太擅长的作文了，心想，就算前面题目答得再好，作文不好也是白搭，所以不免还是有点儿忐忑。于是，我认真看题目要求，仔细选材料，精心构思作文，不断修改作文提纲，渐渐让悬着的心放下了，我从容地完成了作文写作。

快放学了，听着旁边的同学相约去老师办公室问语文成绩，其实我的心也痒痒的，非常想一起去，但却装出一副"看庭前花开花落"无所谓的样子。此时，我的好朋友及时雨一般地来了："要不，我们也去问成绩？"我口是心非地说道："问什么呀，分数早晚都会公布的。"但我的脚却已随着我的心和他一起迈向老师的办公室……

"老师……"，我还没来得及开口问，老师已经笑嘻嘻地对我说："嗯，分数还没统计出来，但这次应该考得不错哦，尤其是作文，

还是满分呢！"我瞬间被胜利的喜悦所包围。说实话，这次语文考得不错是我意料之中的，但作文满分却是意料之外的。到家后，我便迫不及待絮絮不休地向母亲汇报我的战绩，目的很明确：去吃必胜客！

几天后，终于报分数了，可是从老师口中说出的那个数字和我之前听到的大相径庭，这就是老师之前所说的高分吗？我正疑惑着，老师向我走来解释道："你的作文阅卷老师批的是满分，但有一位老师有疑义，所以最后的分数还有待商榷。"我看着发下来的试卷，在大大的"0"上加了一把红色刺眼的"利刃"，仿佛是插在了我的心上。顿时，让我的所有骄傲都在这个苍白如考卷的下午里被砸得粉碎……

放学了，我挪向校门口，不时有同学说笑着或跑或跳地擦身而过。此时，在校门口等待着我的母亲的轮廓在我眼里渐渐模糊了，却又慢慢清晰了。我忽然发现自己不敢面对母亲了，走到她的面前我的泪水还是忍不住了，但母亲似乎已经知道了事情的来龙去脉，笑着说："这只是你人生经历中的一朵涟漪，今后遇到的大风浪还多着呢，这是你的财富。走吧，咱们去吃必胜客……"

153

北美旅鸽的灭绝日记

张希

动物从来就不是为人类活着的，我们不该以自己的好恶来给动物贴上好坏的标签。

——题记

糖果色的天空

　　我是一只漂亮的北美旅鸽，我叫玛莎。我诞生在北美大陆，我和我的同类生活在落基山脉东边的森林地带中，我们是一种候鸟，一到冰天雪地的冬天就成群结队的飞到南方过冬。哦，忘了告诉你们，我们是一种中型鸽，体长三十二至四十一厘米，双翅展开长六十四厘米呢！我们体态轻盈，最轻的只有一个苹果重，最重也只有三百四十克。我挺美丽，头和上体主要是蓝灰色的，尾巴很长，有两根尾羽灰褐色，其余为白色。

　　我和伙伴们一起住在大森林中，远远望去，一片蓝灰色的海洋，真美！我和朋友们住在一棵"旅馆"上，上面有一百多间屋子，每个房间很宽敞。我们每天早出晚归，在林中空地上玩游戏，捉小昆虫，采小橡果和栗子吃，口渴了便飞到小溪边喝水嬉戏，每天乐而忘返。

　　时间如白驹过隙，我们一直无忧无虑地生活着，我从来没有想过厄运会那么快就降临到我的身上……

　　那是一个阳光明媚的下午，我们像往常一样在森林中玩耍，可不同的是，所有的族鸟都在为族长庆祝生日。突然，林中有了不安的响声，我们都屏住呼吸，细心听着森林中传来的令人窒息的"沙沙"声，我的心"咚咚"直跳，快要从嗓子里跳出来了。我看见一个奇怪的没尾巴的动物从林子里冒出来，把手里拿着的东西对着我旁边的族长，黑黑圆圆的洞口发出震天的响声，我们顿时惊呆了，本能地飞起，在空中盘旋着，接着我们看见了骇人的一幕：族长倒在血泊中，双眼无神空洞地凝视空中，翅膀抽搐着，随后一动不动地躺在那。那个奇怪的两足兽拎起族长，朝背后的森林叫了几声，一大批两足兽应声而来，拿着那些会发出巨响的东西向我们狂射起来。我们瞬间被恐惧吞没，慌乱地向四处闪避，无数伙伴掉落，我头也不回，含着泪以最快的速度飞回了家，背后传来阵阵欢呼声，是那些两足兽发出的。到家之后我发现只剩下我和哥哥了，我们俩从此过着躲躲闪闪的生活，再也不敢露面，我愤怒，我悲痛，但我无能为力。

那一天，哥哥出去觅食，我在家惶恐地等着，等着，突然听见"砰"的一声，我再也没见到我的哥哥，偌大的林中只剩下我一个了。我在煎熬中过着日子，一天又一天，直到我被两足兽抓走，放在一个巨大的人工乐园中，我那时才知道他们有一个奇怪的名字——人类。他们对我百般体贴，可以说是百依百顺，但我从来都不接受他们的虚情假意，而是带着对人类的仇恨走向生命的尽头。

在我们眼中，人类并不高我们一等，可是我们为什么要为人类的欲望活着？人类啊！你们为什么要以自己的好恶来破坏生态平衡呢？

最后一条鲨鱼

吴昀洲

155

夕阳西下，晚霞轻柔地洒在海面上，湛蓝的海水仿佛又多了几分生机。我呆呆地飘游在海面上，影子拉得很远很远……低头一看，海底满是我部族的尸体，他们的鳍全都不在了，空气中弥漫着血腥气，海水染成了红色，在夕阳的照耀下，显得愈加惨烈。

我，这场大屠杀中唯一的幸存者，便成了茫茫大海中最后一条鲨鱼。

就在几年前，我们的鲨鱼还是一个有着几十万之多的种族，那时候啊，我们几十万同胞在海中尽情地畅游，海，对于我们无异于世外桃源。

我曾经无比自豪自己是一条鲨鱼。我们有着锋利的牙齿，硕大的身躯，在大海中畅游便是我们最大的乐趣。

然而，一艘艘舰队飞快地行驶在海面上，我的无数同伴们也好奇地紧随其后，要跟它比个高低，跳跃是我们常玩的游戏……

然而，这一次我们只猜对了开头，却猜不到结局。一张张透明的网正悄悄地撒在海面上。

那一刻，我的种族被大屠杀便开始了，静谧的大海被刀割声毁掉了。

啊，我清楚地记得，就在那个夏天，我们在舰队边玩耍的时候，人类早已铺就了一张张透明的网。我的许多同伴都被送上舰队，只见一束束寒光闪过，只听一阵阵刀割声传来，失去鳍的同伴又被丢入了大海，顿时大海一片血红色，接着一批又一批的同伴被送上去又扔了下来，蓝色的海洋变成了血腥的屠宰场，同伴们没了鱼鳍，溺水而亡，最终沉入海底。

我拼命地游，一边游一边想：为什么？为什么人类在自己的亲人死去时悲痛欲绝，却能坦然地杀掉别人的亲人？当他们的亲人惨遭杀戮而自己无力反击时，他们又会怎样？

这时，我觉得自己碰到了什么东西，我定了定神，仔细一看，我也被围住了！我感觉自己脱离了大海，下面早已成了一片血海，同伴们的尸体已沉入海底。

今天你们践踏在我们的尸体上，可总有一天，你们的尸体将会被你们自己践踏！

刀"唰"的一下割下了我的鳍，接着我被扔入海中，我的身体慢慢地往下沉……

今晚的星真美！望了它最后一眼，我仿佛又看到我们一起在海中畅游的场景。在夕阳下，我们跳跃着，夕阳的光洒在我们的鳍上，折射出一束束金光……

渡渡鸟的末日

沈泽昊

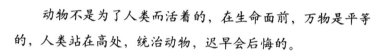

动物不是为了人类而活着的，在生命面前，万物是平等的，人类站在高处，统治动物，迟早会后悔的。

——题记

我是一只肥胖的渡渡鸟，住在美丽的毛里求斯。虽说我是鸟的一种，但我的翅膀短小，无法在一碧如洗的天空中尽情地飞翔。我的翅磅短小，十分丰满，我身披蓝灰色的羽毛，喙有23厘米长，前端弯钩，带有红点，在我的家族中，我算得上是英姿飒爽了。

毛里求斯的小虫子十分鲜美，岛上的湖水十分清凉，每天和妻子过着无忧无虑的生活，没有烦恼，十分惬意。

直至人类的出现，我们才开始有所防备。这些古怪的人手上都拿着一根木棍，中间是空心的，我没有见识过这种武器的威力，所以十分松懈。直到有一天，我和妻子正在捕食小虫子时，一声巨响，妻子倒在了血泊中，痛苦地呻吟着。我迷惘地看向远方，一个人在远处阴险得意地笑着，手上端的正是那天我看见的木棍，我才意识到，这个木棍会喷出火和闪电，一下子就可以让死神带走我的妻子。我心如刀绞，却一筹莫展，只好丢下妻子，狼狈逃走。

夜晚，我孤独地靠在一棵大树旁，一声"渡渡"划破了天空，我打了个激灵，不禁害怕起来。远处有一丝丝暗淡的光亮，我小心翼翼地走过去，我的小伙伴们！我不禁喜出望外，乐颠颠地跑了过去，他们看见了我，焦急地叫着，一声接着一声，我以为他们是在让我加快步伐，于是我加快了脚步，他们却叫得更急了。我十分迷惑，难道又是人类？我试探性地往前迈了一步，他们又叫了起来，声音越来越凄凉。这时，一个熟悉的身影出现在了我的面前。是可恶的人类，我急忙转身，可是来不及了，一声枪响，我渐渐失去了知觉。

愚蠢的人类，今天是我们的末日，明天就该轮到你们了！记住，我们从来就不是为你们而活着的！

在塞特凯达斯大瀑布
"葬礼"上的演说

狄小溪

女士们、先生们：

你们好！

今天我们集聚在这巴拉那河上是为了举行一个特殊的葬礼，这个葬礼是为塞特凯达斯大瀑布举行的。

我站在这里，不禁回忆起了当初的塞特凯达斯大瀑布。塞特凯达斯大瀑布曾是世界著名的大瀑布，汹涌的河水紧贴悬崖咆哮而下，滔滔不绝，一泻千里。塞特凯达斯大瀑布曾是水流量最大的瀑布，尤其是汛期，大瀑布的气势更是雄伟壮观，每秒有一万立方米的水从几十米的高空飞流直下，落地撞起万朵莲花，水雾在空中飘飘洒洒。瀑布的声音极响，震耳欲聋，即使我站在三十公里外，仍然清晰可闻。塞特凯达斯大瀑布一直以来都是巴西和巴拉圭人民的骄傲。许多外国游客纷沓而至，呼吸着世外桃源的新鲜空气，心情舒畅。

但这雄起的景观竟然逐渐消失着。

你们再看现在我身后的瀑布，它像一个生命垂危的老人，形容枯槁，奄奄一息，塞特凯达斯大瀑布就要消失了，即使在汛期，也只有几十立方米的水流流下，声音不再震耳欲聋，水流量日复一日地在不断减少，游客们都乘兴而来，失望而去，我们的塞特凯达斯大瀑布不再是水流量最大、世界著名的瀑布了。

为什么曾经气势磅礴的大瀑布会变成现在这样呢？我们自己也应该反思。

八十年代初，我们为了发电，在巴拉那河上建了一个最大的发电站，我们一开始还沾沾自喜，我们以为自己解决了发电问题，我们以为自己解决了世界难题，谁知，我们给大瀑布带来了灭顶性的危害。渐渐的，工厂用水变得毫无节制，甚至污染了巴拉那河，河两边的森林被乱砍滥伐，导致水土大量流失，最终导致了大瀑布水量的减少。

曾有科学家推测，不久后，水瀑布就可能完全消失，听到这个消息，我十分伤心，如果我们继续"伤害"大瀑布，它定会抛弃我们的！所以，请人家一起携手保护环境，让大瀑布的悲剧不再重演！

159

自由·反抗·平等

——读《简·爱》有感

林诗琪

　　《简·爱》是一本小说，主人公简·爱与作者夏洛蒂·勃朗特有相似之处，文章中的简·爱是一个敢于反抗，敢于争取自由和平等地位的女性，但这本书并不是作者的自传。

　　简·爱是一个貌不惊人和身材矮小的人，比起她舅妈家漂亮的女儿显得无比失色，就像一枝野花和一朵玫瑰一样。但是她那不同寻常的气质还有丰富的感情世界让无数读者为她着迷。"当我无缘无故挨打时，我们应该狠狠的回击"这便是简·爱最令我倾心的精神——反抗精神：在舅妈里德太太家，在桑菲尔德，在圣·约翰家，她义无反顾地去对抗不公平，无论年龄多少，简·爱始终都没有放弃这种精神。

　　简·爱有着自己的尊严以及强烈的自由感，无论在那儿，哪怕是在爱情上。她没有与英俊潇洒的圣·约翰表哥结婚，而是选择了残疾而落魄的罗切斯特先生。尽管她的感情炽烈，但她不曾忘记平等，她说过："我的灵魂跟你一样，我的心跟你的也完全一样……我现在跟你说话，并不是通过习俗，惯例……而我的精神在同你的精神说话，就像两个都经过了坟墓，我们站在上帝的跟前，是平等的——因为我们是平等的！"

《简·爱》没有光鲜亮丽的人物，没有令人羡慕的结局。也许你要说它不浪漫，如果浪漫是专指"灰姑娘""白雪公主"之类的故事而言，那么，《简·爱》可能不属于浪漫小说。但是它主要讲的是一个追求平等，自由，反抗恶俗护卫尊严的简·爱。当你从书中看到她的行为和变化，难道你就只觉得她是一个普通人物？难道你就不想到她的倔强、固执、追求平等，至少也是当时优秀的女性？难道你竟一点儿也不联想到，在那些当时看来只属于男性的工作中，都有那些追求平等、自由，像简·爱一样反抗恶俗的女性？难道你又不更远一点儿想到，这样倔强的不屈于别人，追求平等、自由的简·爱，宛然象征了今天在无数岗位上，用比男性更大的努力，写出女性光辉的那种精神和意志。

正是这种敢于向恶俗势力反抗，追求平等的精神让我忘不了简·爱也忘不了夏洛蒂·勃朗特！

161

那书·那人·那世界

——读《布鲁克林有棵树》有感

黄季高

一本书静静地躺在书桌一角，它的名字叫《布鲁克林有棵树》。打开那书，仿佛就到了另一个世界，主人公弗兰西坐在那棵树上，脚边一碗糖果，午后的阳光倾泻在她身上，她却早已沉浸在书的世界里。

弗兰西出生在一个社会底层的贫困家庭，在学校被人冷眼相待，在市场受人嘲讽。但她并没有自暴自弃，她努力学习，热爱看书，即使是在最困难的时候也没有放弃希望。

她没有童话中的神奇能力，是那么平凡，读完初中后便去布厂做工。可是她也有理想，并且为了这个理想不断努力——白天努力做工，晚上读夜间学校。日积月累，她也就拥有了出众的才能。

从小就被迫面临艰辛生活的她，却也因此有了镇静与稳重。虽然她也有苦闷忧愁，但从不向权势低头。

她家境清贫，母亲偏爱弟弟，父亲深爱她却过早离去，但是通过她的努力，她走上了人生的巅峰，摆脱了束缚自己的小镇，走向了更大的天地。

《布鲁克林有棵树》这本书记录了一个女孩儿平凡却令人感动的成长历程，记录了那充满传奇的世界，她也如同那棵树一样，长在恶劣的环境下却茁壮成长。

弗兰西她常常在太平梯上，吃着零食、饮着冰水，可手中却一直都拿着一本书。在饥饿与寒冷中，她却悄悄地享用着那些精神食粮。她有一个愿望，长大后要努力工作，好好存钱，将自己喜欢的书全部买下送给布鲁克林的贫民区人民。她不求华丽的衣服、美味的食物，在利益与书之间，她毫不犹豫地选择了后者。

星期六晚上，她没有睡在自己的房间，而是选择在幽暗的前屋，听外面的声响，夫人们在晚上狂欢，去饭店、酒吧等地方，但那些对她来说遥不可及，是"传说中的地方"，她也希望自己可以在市中心穿行，也追求丰富多彩的物质生活。

小时的弗兰西也出人意料的懂事，打疫苗时，护士因她的手臂沾满污泥而低声咒骂惊叫，年幼的弗兰西听懂了，她的坚韧懂事也正是在生活所迫下形成。她不像护士，出身于布鲁克林，却忘了自己也曾在那里生活过，忘记了贫穷的日子。

弗兰西出身低微但她的人格高尚，家境贫困却拥有充足的精神食粮，处境令人同情却保持自尊，在书籍的洗礼下，她成功改变了自己可能穷困潦倒的命运，走出了人生低谷，获得了成功，正是她的坚持努力，她才没有被生活所击垮。在知识的帮助下，她脱颖而出，到达了那个她期望的境界。

那书，那人，那世界，午后暖阳，阅读最是适宜。

永远地铭记

——读《草房子》有感

金圣丽

163

明天一大早，一只大木船，在油麻地还未醒来时，就将载着桑桑和他的家远远地离开这里——他将永远地告别与他朝夕相伴的这片金色的草房子……

但油麻地在桑桑心中是永远的。

在桑桑重病的半年里，杜小康，蒋一轮，温幼菊，秃鹤，阿恕，纸月等人让他尝遍了人世间的温暖。桑乔尽力地弥补那些年他对桑桑不足的关爱，年幼的柳柳也用心地关心桑桑。

油麻地充斥着一片凄凉，但桑桑却比往常任何时候都要坚强。他惶惑，不安，又迷茫，同时也在不断成长。在生命最后一段时光里，桑桑对谁都比以往任何时候显得更善良。他每做一件事，哪怕是为别人捡起地上的一块橡皮，心里都为自己而感动。桑桑愿意为人做任何一件事情，为麻雀做任何一件事情，他愿意把人间的温暖也回馈给无私赠予他爱的人们。

《草房子》记叙了桑桑从稚气未脱，到知事平静。从调皮捣蛋，到细心乖巧，最后快要走向死亡……

桑桑履行了对柳柳的承诺，带柳柳去看城，他把父亲和其他人给他买零食的钱，全给柳柳买了各式各样的食品，还给她买了一个布娃娃，他一定要让柳柳看城墙看得很开心。在他看到柳柳脚上起了一个燎泡的时候，忍着病痛背着柳柳上了城墙，即使到最后他已无力站起来。

夏天到了，满世界的绿，一日浓似一日……

桑桑最后终于还是没有死。

桑桑，油麻地，油麻地的人们，最后都获得了不错的结局，唯一令我惋惜的大概就是桑桑没有在油麻地继续生活下去。

但人生并没有绝对的圆满。生老病死，酸甜苦辣，是所有人一辈子都跳不开的圈。或许对一个病入膏肓的人来说，活下去就是上天最大的恩赐。

刚开始读这本书的时候，其实我没有多少兴致，可是到后来，我发现《草房子》的每一笔都不会让我觉得枯燥。

许多人说有一千个读者就会有一千个哈姆雷特，这是对书极高的评价，也是对作者的睿智的极大的赞扬。

我想说：无论让我读《草房子》多少遍，我的脑海中只会有一个桑桑，善良的桑桑会永远铭记在我的脑海中，我想这便是《草房子》的成功之处，也是曹文轩的成功之处。他用质朴平实的语言描绘着不平凡的故事。

我想我永远都跳不出桑桑的童年了。

糖果色的天空

——读《永远的布谷鸟》有感

孙　甜

　　童年是一个美丽缤纷、五彩斑斓的梦，像火热的太阳，如安静的弯月，似满天的星辰。她美丽恬静，笑得如竹尖尖上的糖葫芦，酸亦是甜，苦亦是甜。糖果甜蜜了童年，文字书写着童年，记录下道不清的情感。

　　《永远的布谷鸟》，有着十分温暖的短语，正因为这春天的使者，我买下了这本同样温暖的书。　许多可爱温馨的小故事连成一线，形成了这一本《永远的布谷鸟》。

　　里面我最喜欢的一篇是《若奇的烦心事》。

　　它讲述了小主人公若奇因为弟弟的出生增添的许多烦心事。同学们七嘴八舌地告诉他，家里多出一位弟弟后的烦恼，更是让他雪上加霜。就在若奇对于新弟弟的厌恶似乎到了无以复加的地步时，小说的结尾却出人意料地安排他为了维护弟弟的名字和尊严，对同学大打出手。

　　小说之前所有的情节和描写，主要是以对一群小淘气包之间有趣对话的描述，写出了童年真实的烦恼和不满，其中也不乏对于童年时期所特有的，同胞嫉妒心理，这些淘气恶劣的内容却又充满了一种不平凡的真实感和温暖感，让我在充分理解了若奇的生活烦恼的同时，也被一种日常而深切的温情所感动。

感动之余，羡慕也在不断增生，作为家中唯一的独生女，童年陪伴我的人和物，寥寥无几，也许有，但也记不清了。说来也很奇怪，十五年多的光景中，与我亲近的好友只有三个，而这三人都有一个弟弟。每当她们在说起自己弟弟是有多么淘气心烦时，我都只是在旁边静静听着，她们也许都不会想到她们所厌烦的正是我所没有的。

小说的魅力正应该就在这里了吧，当提笔将自己写进自己所希望的故事中，似乎也真实地触摸到了，但那种感情，那种温情是只能靠自己体会的。如果说童年里藏着的是一朵云，那大概就是轻逸的云吧，但尽管轻灵，秀逸，却并不是没有重量的。它的思想和情感的重量是融化在轻逸的翅膀里的，它可以尽情地飞翔遨游并且不仅仅是一掠而过，而是长久地停留在我们的心里。

166

有思想的重量就会变成有趣味的重量，而故事的趣味也因此拥有了一种特别的厚度。